# Wolfgang Borcherts *"Draußen vor der Tür"*

Zu den überzeitlichen Dimensionen eines Dramas

von

Alexander Koller

Tectum Verlag
Marburg 2000

Die Deutsche Bibliothek - CIP-Einheitsaufnahme

**Koller, Alexander:**
Wolfgang Borcherts "Draußen vor der Tür".
Zu den überzeitlichen Dimensionen eines Dramas.
/ von Alexander Koller
- Marburg : Tectum Verlag, 2000
ISBN 978-3-8288-8140-2

© Tectum Verlag

Tectum Verlag
Marburg 2000

## INHALTSVERZEICHNIS

### I. EINLEITUNG ........................................................................... 5

I.1. ALLGEMEINE BEMERKUNGEN ............................................................. 5
I.2. AUSBLICKE AUF DIE ABSCHNITTE II., III. UND IV ............................... 9
    *I.2.1. Ausblick auf II.* .............................................................................. 9
    *I.2.2. Ausblick auf III.* ............................................................................ 12
    *I.2.3. Ausblick auf IV.* ............................................................................ 13

### II. ZUM DRAMENTEXT ......................................................... 17

II.1. AUSFÜHRUNGEN ZU WICHTIGEN FIGUREN ....................................... 17
    *II.1.1. Beckmann/der Andere* ................................................................ 17
        *II.1.1.1. Beckmann* ........................................................................ 17
        *II.1.1.2. Der Andere* ..................................................................... 22
    *II.1.2. Gott und Tod/die Elbe* ................................................................ 24
        *II.1.2.1. Gott und Tod* ................................................................... 24
        *II.1.2.2. Die Elbe* .......................................................................... 28
    *II.1.3. Das Mädchen, der Einbeinige/der Oberst (und seine Familie)/der Kabarettdirektor/Frau Kramer* ............................................................. 29
        *II.1.3.1. Das Mädchen, der Einbeinige* ........................................ 29
        *II.1.3.2. Der Oberst (und seine Familie)* ..................................... 32
        *II.1.3.3. Der Kabarettdirektor* ...................................................... 38
        *II.1.3.4. Frau Kramer* .................................................................... 41
II.2. AUSFÜHRUNGEN ZUR FORMALEN UND SPRACHLICHEN GESTALTUNG ............................................................................................. 44
    *II.2.1. Der formale Aufbau des Dramas* ............................................... 44
    *II.2.2. Die sprachliche Ausführung* ...................................................... 46

### III. ZUR WIRKUNGSGESCHICHTE DES DRAMAS ........ 53

### IV. ZUR ÜBERZEITLICHEN AKTUALITÄT VON *DRAUßEN VOR DER TÜR* ........................................................ 61

IV.1. Die Aktualität der Kriegs- und Heimkehrerthematik ........ 61
IV.2. Grundsätzliche Aspekte des Dramas und deren
Überzeitliche Aktualität ....................................................... 64
    *IV.2.1. Draußen vor der Tür zwischen Expressionismus und Existentialismus* .... 64
        *IV.2.1.1. Das Expressionistische in Draußen vor der Tür* ............................... 69
        *IV.2.1.2. Das Existentialistische in Draußen vor der Tür* ............................... 75
            *IV.2.1.2.1. Erläuterungen zu Existenzphilosophie und Existentialismus* ... 75
            *IV.2.1.2.2. Existentialistische Aspekte des Dramas* ............................... 82
    *IV.2.2. Exkurs: Inszenierungsansätze* ....................................................... 100

## V. Schlußbemerkung ............................................... 107

## VI. Literaturverzeichnis ....................................... 111

VI.1. Zitierte Literatur .......................................................... 111
VI.2. Übrige verwendete Literatur ....................................... 114

# I. Einleitung

## I.1. Allgemeine Bemerkungen

Diese Arbeit ist betitelt, ‚Die überzeitliche Aktualität von Borcherts[1] Drama „Draußen vor der Tür"[2]'. Dementsprechend ist es Anliegen der Ausführungen, herauszuarbeiten, inwiefern das Drama über die konkrete Situation des Nachkriegsdeutschland von 1945 - '49 hinaus aussagekräftig ist.

Diese - über jene eines Zeitstücks hinausgehende - Relevanz ist gekennzeichnet durch zwei Aspekte: Zum einen geht es um die Anwendbarkeit des Stücks auf zeitlich andere, sachlich ähnliche Situationen, zum anderen um die tieferliegende, ins Grundsätzliche reichende Thematisierung menschlicher Existenz in der Welt.

Während der eine Aspekt, die Anwendbarkeit auf vergleichbare Situationen, kaum strittig ist und allein die Definition eines Zeitstücks kaum übersteigt, kommt dem anderen Aspekt die letztlich entscheidende Bedeutung zu:

Ein Drama, dem schlüssige und nicht historisch bedingte Aussagen über den Menschen in der Welt zu entnehmen sind, ist mehr als ein Zeitstück - daß *Draußen vor der Tür* eben solche Aussagen beinhaltet, soll gezeigt werden.

Es wird demnach darum gehen, aus dem Drama Thesen und Aussagen über das Mensch-Sein und die Stellung des Menschen in der Welt zu extrahieren und in Zusammenhang zu bringen. Es wird gezeigt werden, daß sich auf

---

[1] Wolfgang Borchert, geboren am 20.5.1921 in Hamburg, gestorben am 20.11.1947 in Basel

[2] Wolfgang Borchert: Draußen vor der Tür, in: Wolfgang Borchert: Das Gesamtwerk, Rowohlt Verlag, Reinbek bei Hamburg, 1997, S. 99 ff.

Borcherts Drama weltanschauliche und philosophische Grundhaltungen anwenden lassen und daß die Ergebnisse dieser Anwendungen weit über das hinausgehen, was die autorbiographische Analyse hervorbringt.

Eben diese autorbiographische Analyse kennzeichnet die Hauptrichtung der wissenschaftlichen Beschäftigung sowohl mit Borchert allgemein, als auch mit *Draußen vor der Tür* im besonderen. Dies bringt ein erhebliches Problem mit sich: Über die Beschäftigung mit der Person Wolfgang Borchert gerät allzuoft seine Literatur zum Material der psychologischen Analyse des Autors. Es wird hier nicht bestritten, daß die Biographie eines Autors wertvolle Erkenntnisse zum Verständnis seiner Werke zu liefern vermag, es erscheint dem Verfasser lediglich angebracht, das Hauptaugenmerk auf das literarische Produkt zu richten und ebendieses auch ungeachtet der Lebensumstände des Autors zu würdigen.

Zudem sollen Autor und Werk - wie bisher nur vereinzelt geschehen - auch mit zeitgenössischen geistigen Strömungen vermittelt werden.

Die autorbiographische Verengung der wissenschaftlichen Perspektive hat die Beurteilung von *Draußen vor der Tür* als Zeitstück nachhaltig befördert. Die Schilderung einer konkreten Problematik der Zeit des Autors, des Kriegsheimkehrerschicksals, verbunden mit offenkundigen Parallelen im Leben Borcherts und der Hauptfigur Beckmann lassen allzu schnell die Deutung des Stücks als zeit- und umständegebundene Erlebnisdichtung zu. Hierzu merkt E. Warkentin richtig an: „Borchert wurde nur im Rahmen des Elends und des Trümmerhaufens der Nachkriegszeit verstanden."[3]

Ein solches Verständnis erscheint wenig geeignet, den anhaltenden Erfolg und die durchgehende Wirksamkeit des Dramas zu erhellen, denn: „Bloßer,

---

[3] Erwin Warkentin: Die komischen Elemente in Draußen vor der Tür, in: Gordon Burgess/Hans-Gerd Winter (Herausgeber): „Pack das Leben bei den Haaren": Wolfgang Borchert in neuer Sicht, Dölling und Galitz, Hamburg, 1996, S. 206

mechanischer Abbildcharakter erklärt nirgendwo die Bedeutung von Kunst, schon gar nicht die Langzeitwirkung von *Draußen vor der Tür*."[4]

Ohne also den Erfolg von *Draußen vor der Tür* als Zeitstück unmittelbar nach Erscheinen/Rundfunkausstrahlung außer Acht zu lassen, erscheint eine Weitung des Blickwinkels auf dieses Stück nicht nur möglich, sondern nötig, will man die ganze Dimension des Dramas erfassen.

Anknüpfend an die eingangs bestimmten zwei Aspekte, die in dieser Untersuchung durchgehend zu thematisieren sind[5], läßt sich die Ausgangsfrage dieser 'Weitung des Blickwinkels' folgendermaßen formulieren: „steht der private Konflikt im Mittelpunkt, ist dieser über sich selbst hinausweisend paradigmatisch für die komplizierte Situation einer historischen Umbruchsphase, oder sind persönliches Schicksal und historische Ingredienz nur eher vordergründiger Anlaß für die Darstellung von allgemeinmenschlichen Universalien?"[6]

Ausgehend auch von der Tatsache, daß *Draußen vor der Tür* das bis heute meistaufgeführte deutschsprachige Theaterstück des bedeutenden Rowohlt Theaterverlages ist[7], wird diese Arbeit also jene „Darstellung von allgemeinmenschlichen Universalien" versuchen zu belegen und zu erörtern. Ein reines Zeitstück wäre unweigerlich im Laufe der Geschichte zum Historiendrama geworden, wie auch M. Schmidt - leicht polemisch - betont: „1947 hätte Beckmann sich seine Requisiten für die Bühnenfassung noch

---

[4] Bernd Balzer: Wolfgang Borchert. Draußen vor der Tür, Moritz Diesterweg Verlag, Frankfurt am Main, 1983, (Reihe: Grundlagen und Gedanken zum Verständnis des Dramas), S. 39

[5] siehe I.1., S. 5

[6] Balzer, S. 35

[7] über 120 Inszenierungen in Deutschland zwischen 1957 und 1991, siehe: Theo Elm: Draußen vor der Tür: Geschichtlichkeit und Aktualität Wolfgang Borcherts, in: Burgess/Winter (Hrsg.), S. 263

an jeder Straßenecke besorgen können. Bei den Inszenierungen zum 10. Todestag Wolfgang Borcherts trug er schon ein historisches Kostüm."[8]

Im Verlauf der folgenden Ausführungen soll über die Analyse wichtiger Figuren des Dramas (II.1.) und sprachlicher wie formaler Mittel (II.2.) die Erörterung der grundlegenden Themen vorbereitet werden. Ein Überblick der Rezeptionsgeschichte (III.) wird sodann zeigen, welche Aspekte bereits thematisiert worden sind und die erhebliche Diskrepanz der Würdigung des Dramas im In- und Ausland hervorheben.

V. schließlich wird nach einer Erörterung der in einer Motivtradition stehenden Heimkehrerproblematik (IV.1.) die zentralen Überlegungen darbieten (IV.2.). Hierbei kommt der geistesgeschichtlichen Einordnung Borcherts wie seines Dramas entsprechender Raum zu; *Draußen vor der Tür* wird insbesondere im Spannungsfeld zwischen expressionistischer Literatur und existenzialistischer Philosophie analysiert werden. Ein Exkurs beschäftigt sich mit den inszenatorischen Möglichkeiten des Dramas.

Die Schlußbetrachtung (V.) präsentiert zusammenfassend die Ergebnisse und bietet Ausblicke auf weiterführende Fragestellungen.

Das Literaturverzeichnis (VI.) benennt sowohl die zitierte als auch weiterhin herangezogene Literatur.

Um auch partielle Lektüre sinnvoll zu ermöglichen und die weiteren Ausführungen vorzubereiten, werden im folgenden Ausblicke auf die Abschnitte II., III. und IV. vorangeschickt.

---

[8] Marianne Schmidt: Zum Leben verurteilt. Wolfgang Borchert und die klassische Dramaturgie, in: Burgess/Winter (Hrsg.), S. 251

## I.2. Ausblicke auf die Abschnitte II., III. und IV.

### I.2.1. Ausblick auf II.

Der Abschnitt 'II. Zum Dramentext' hat die Figuren (II.1.) sowie die sprachliche und formale Ausführung (II.2.) des Dramas zum Thema.

Die Untersuchung der einzelnen Figuren und Figurenkonstellationen ist gemäß der Zielsetzung dieser Arbeit insgesamt eine vorrangig funktionale, das heißt eine auf die Repräsentation bestimmter Denk- und Handlungsweisen durch die Figuren gerichtete.

Diese annähernd soziologisch zu nennende Betrachtungsweise[9] ist bezüglich der irrealen Figuren (der Andere, die Elbe, Gott, Tod) noch zu erweitern; diese dramatischen Personen markieren durch ihr bloßes Vorhandensein eine übergreifende Thematik, die auf den Menschen, sein Leben überhaupt und seine Beziehung zum Absoluten verweist.

Die Form des Stationendramas, die *Draußen vor der Tür* zweifellos zu Grunde liegt, bringt die adäquate Vorgehensweise mit sich: Nach der Beschäftigung mit dem Protagonisten Beckmann werden die übrigen Figuren in Gegenüberstellung mit Ersterem in Betracht gezogen. Die zwei Figurengruppen (Anderer, Elbe, Gott, Tod/Mädchen, Oberst (mit Familie), Kabarettdirektor, Frau Kramer) erfordern insofern unterschiedliche Bearbeitung, als sie auf zwei verschiedene Bedeutungsebenen verweisen:

In der Auseinandersetzung mit den realen Figuren wird über die Gestaltung der konkreten, zeitgeschichtlich gesellschaftlichen Situation der zeitlose

---

[9] Balzer bemerkt hierzu verweisend auf Georg Büchner: „Ein Büchner durchaus vergleichbarer Materialismus läßt den einzelnen zur Funktion seiner sozialen Rolle werden: den Wohlhabenden, wie Oberst, Direktor, steht der Mittellose gegenüber.", in: Balzer, S. 42

Gehalt zu erweisen sein, während die irrealen Figuren einen unmittelbaren Zugang zu grundsätzlichen Problemen und Aspekten zulassen.

Die Einordnung einzelner Figuren in literarische Traditionen wird das sich ergebende Bild vervollständigen.

Die offensichtliche Struktur eines Stationendramas wird im Falle von *Draußen vor der Tür* durch die Verschränkung dreier Handlungsebenen differenziert:

Das 'reale' Geschehen wird kommentierend ergänzt durch traumhafte Gesichte Beckmanns und die irrealen Figuren Anderer, Elbe, Gott und Tod.

Während die vorherrschende Tendenz der Forschung in der ungeschlossenen Organisation dieser drei Ebenen schlicht einen Mangel an literarischer Gestaltungskraft zu erkennen meint, hält es diese Arbeit mit dem Ansatz, die vorfindliche Form inhaltlich zu motivieren. G. Burgess betont hierzu ausdrücklich: „In der Wechselwirkung der drei Ebenen liegt der thematische Kern des Dramas."[10]

Dem häufig mit Verweis auf die allzu kurze Borchert zur Verfügung stehende Zeit motivierten Versuch, *Draußen vor der Tür* inhaltlich wie formal zur unausgereiften punktuellen Reaktion auf Zeitumstände zu reduzieren[11], ist entgegenzuhalten: „Offensichtlich lag aber eine durchgehende Struktu-

---

[10] Gordon J. A. Burgess: Wirklichkeit, Allegorie und Taum in „Draußen vor der Tür": Beckmanns Weg zur Menschlichkeit, in: Rudolf Wolff (Hrsg.): Wolfgang Borchert. Werk und Wirkung, Bouvier Verlag, Bonn, 1984, (Sammlung Profile, Band 9), S. 60

[11] W. Köpke merkt zum Umgang mit Borcherts Gesamtwerk drastisch an: „Die Literaturkritik und die Literaturwissenschaft haben sich gründlich gerächt: Sie haben Borchert mit der Gloriole des 'Frühvollendeten' umgeben, um feststellen zu können, literarisch seien seine Werke eben unvollendet.", in: Wulf Köpke: In Sachen Wolfgang Borchert, in: Wolff (Hrsg.), S. 84

rierung nicht in der Absicht des Dichters."[12] Diese These wird auch in Bezug auf literaturtheoretische Äußerungen Borcherts verifiziert werden.

Ebenso wie die formale Gestaltung des Dramas weist auch die sprachliche Ausführung auf Inhalte, welche die reduzierende Wertung als Zeitstück nicht gerechtfertigt erscheinen lassen:

Die Sprache der Figuren, gekennzeichnet durch Worthäufungen und expressionistisch anmutende Stilisierung, trägt Züge einer impliziten Thematisierung der Sprache selbst. Vorgreifend läßt sich diese über sich selbst hinausweisende Implikation mit H. Ohde als eine spezifische 'Spannung' festhalten: „Eine Spannung, die aus dem *Sagen-des-Nichtsagbaren* entsteht, weil es das Gesagte immerzu mit dem Signum des Ungenügens, des Falschen, des Unausgesprochenen verbindet. Es meint das Paradox, daß Sprache gleichzeitig ihre Sprachlosigkeit mitträgt."[13]

Wie - und ob - auf dieser Grundlage in *Draußen vor der Tür* die verschiedenen Figuren eine je spezifische sprachliche Ausführung erhalten, wird die Analyse hervorbringen müssen.

Es ist in der dramatischen Form selbst begründet, daß die Beschäftigung mit den Rollen und der Form eines Theaterstücks zwangsläufig zu mehr wird, als einer bloßen Charakterisierung und Formbeschreibung:

Da ein Dramentext neben den Äußerungen der Rollenfiguren nur Szenenanweisungen aufweist, wird die Analyse der Figuren bereits einen Großteil der insgesamt zu leistenden Untersuchungen ausmachen. Dies ermöglicht

---

[12] Karl Migner: Das Drama „Draußen vor der Tür", in: Interpretationen zu Wolfgang Borchert, R. Oldenbourg Verlag, München, 1962 (Interpretationen für Schule und Studium), S. 15

[13] Horst Ohde: „... denn das Letzte, das Letzte geben die Worte nicht her." Textkonnotate der Sprachnot im Werk Wolfgang Borcherts, in: Burgess/Winter (Hrsg.), S. 133

es, die zentralen Gedankengänge des Hauptteils (IV.) durch die Analyse der Figuren, deren Sprache sowie der formalen Konstruktion fundiert vorzubereiten.

### I.2.2. Ausblick auf III.

Wie bereits mehrfach betont, zeichnet sich die Aufnahme von Borcherts bekanntestem Werk vor allem durch starken Bezug auf den Autor aus. Sein Tod einen Tag vor der Uraufführung des Stücks in den Hamburger Kammerspielen ließ *Draußen vor der Tür* als Vermächtnis eines zu früh Verstorbenen erscheinen; mit allen Konsequenzen bezüglich der literarischen Würdigung.

B. Clausen stellt die außer-literarische Wirksamkeit des Todeszeitpunkts heraus: „Die Todesnachricht erst, (...) besiegelte die Dignität des dargestellten Leidens; nicht nur im Bühnen-'Beckmann', in Borchert hatte sich das Schicksal einer 'verlorenen Jugend in einem zerschlagenen Lande' final verwirklicht. Er hatte einen Wahrheitsbeweis angetreten, der jeden, und keinesfalls nur jeden ästhetischen Zweifel zu schwächen vermochte."[14]

Echte literarische Analyse des Dramas findet dementsprechend zunächst kaum statt, wie auch Burgess betont: „Die frühe Kritik, die sich mit wenigen Ausnahmen auf Rezensionen der Aufführungen bezieht, betont beinahe ausschließlich die realistischen Aspekte - wie *Draußen vor der Tür* die zeitgenössische Welt wirklichkeitsgetreu widerspiegelt."[15]

---

[14] Bettina Clausen: Rückläufige Jugend. Bemerkungen zu Borchert und zum frühen Borchert-Erfolg, in: Burgess/Winter (Hrsg.), S. 225; inneres Zitat: Bernhard Meyer-Marwiz: Nachwort, in: Borchert, S. 334

[15] Burgess, in: Wolff (Hrsg.), S. 56

Die Darstellung der Wirkungsgeschichte (III.) wird sich kritisch mit diesen autorpsychologischen Deutungen auseinandersetzen und kontrastierend auf die andere (Haupt-) Richtung der Rezeption eingehen, die *Draußen vor der Tür* als 'Drama des Lebens' sieht, welches die Situation von 1945 inhaltlich übersteigt. Zur vorläufigen Kennzeichnung dieser Richtung sei Balzer zitiert: „Und dieses Drama des Lebens ist auch der Ausgangspunkt für die meisten Interpreten, die das Lebensbild Beckmanns in ein größeres weltanschauliches Konzept einzuordnen versuchen, die historische Grundlage des Stücks also in die Philosophiegeschichte verlegen."[16]

Ein weiterer relevanter Aspekt der Rezeptionsgeschichte ist ihr unterschiedlicher Verlauf im In- und Ausland. Die nicht-deutschsprachige Germanistik setzt sich mit Borchert und *Draußen vor der Tür* sowohl umfangreicher als auch letztlich anerkennender auseinander, was einer dies hervorhebenden Betrachtung Rechtfertigung genug erscheint.

Vorgreifend und zusammenfassend läßt sich Abschnitt 'III. Zur Wirkungsgeschichte des Dramas' wie folgt auf den Punkt bringen: „Vielleicht hat die Literaturgeschichte zuviel davon gesprochen, was Borchert hätte leisten können, und zu wenig von dem, was er wirklich geleistet hat."[17]

## I.2.3. Ausblick auf IV.

'IV. Zur überzeitlichen Aktualität von *Draußen vor der Tür*' ist der Hauptteil dieser Arbeit. Gegenstand der Ausführungen sind jene Inhalte und Bedeutungen des Dramas, die es zu deutlich mehr als einem Zeitstück machen: Zum einen die Position des Stücks in der Motivgeschichte des Kriegsheimkehrers (IV.1.), die es über die deutsche Situation von 1945 er-

---

[16] Balzer, S. 40
[17] Köpke, in: Wolff (Hrsg.), S.87

hebt; zum anderen all jene Thematisierungen, die unabhängig vom Anlaß jedwelcher Nachkriegssituation sind und auf allgemein-menschliche Problemfelder verweisen (IV.2.).

Der Erörterung des zweiten Aspekts kommt hier die zentrale Stellung zu. Daß *Draußen vor der Tür* zu mehr taugt, als zu einem Identifikationsangebot für all jene, deren Biographie jener Beckmanns ähnelt, ist mehrfach begründbar:

Borchert beschränkt sich nicht auf die Darstellung eines bedauernswerten Einzelschicksals. Zunächst ist Beckmann nur einer von vielen, denen es ähnlich ergeht, desweiteren werden Themen behandelt, die weit über die Nachkriegsthematik hinausgehen: Selbstmord, Opportunismus, Ignoranz, die Fragwürdigkeit von Recht und Unrecht, die Problematik der Verantwortung eines Befehlsempfängers im Krieg sowie theologische Fragestellungen werden angesprochen.

Auch die Verwendung mehrerer Wirklichkeitsebenen im Stück (siehe auch I.2.1.), die ihren Ausdruck in der Figur des Anderen, und Allegorien von Gott und Tod sowie der Elbe findet, trägt zur zeitlosen Qualität des Stücks bei. Der Andere ist Beckmanns alter ego, sein Selbsterhaltungstrieb, seine Hoffnung. Er wäre als eigenständige Figur in einem bloßen Zeitstück nicht notwendig.

Borchert problematisiert mittels des Anderen das 'Mensch-Sein' allgemein, wie er durch Gott und Tod die Beziehung des Menschen zum Absoluten thematisiert.

Letztlich zeigt der Autor in *Draußen vor der Tür* anhand eines bestimmten Schicksals in einer bestimmten Zeit grundlegende Probleme menschlichen Lebens auf. Der ‚Schrei', als welcher das Stück häufig bezeichnet wird, ist weniger der Schrei eines Verzweifelten, als der, der aufmerksam machen will auf Bedrohungen, die der Menschheit aus ihr selbst erwachsen.

Auch Burgess betont die formal begründete Wirksamkeit des Dramas: „*Draußen vor der Tür* ist eine sonderbare Mischung aus Wirklichkeit, Allegorie und Traum und gewinnt seinen einzigartigen Effekt gerade durch die Wechselwirkung dieser an und für sich entgegengesetzten Aspekte."[18]

Über die Auseinandersetzung mit den oben genannten Merkmalen des Dramas gerät die Position Borcherts und des Stücks in den geistigen Zeitströmungen ins Blickfeld.

Auffälligerweise werden vorrangig (Neo-) Expressionismus und Existentialismus beziehungsweise Existenzphilosophie als Denkrichtungen herangezogen, in die Autor und Stück einzuordnen sind. In diesem Zusammenhang erhält *Draußen vor der Tür* den Charakter einer bewußten Äußerung, eines vorsätzlichen Eintretens für bestimmte Auffassungen.

So konstatiert P. Rühmkorf: „*Draußen vor der Tür* - das ist ja keineswegs nur ein zeitbedingtes Ausgeschlossensein, ein reparabler Sozialschaden, sondern Titel für eine bewußt gewählte Position, Name für den freiwillig bezogenen Leerplatz außerhalb der bürgerlichen Normen und Ordnungen."[19]

Diesen oppositionellen Charakter des Dramas stellt auch Köpke heraus, mit Hinwendung zum Begriff der Existenz: „Hinter dem Nicht-Heimkehrer der Trümmerzeit steht der Kritiker des Establishments insgesamt. (...) Borchert spricht nicht nur vom Menschen 1946 und 1947, sondern vom Menschen unseres Jahrhunderts überhaupt, dessen Existenz bedroht ist."[20]

---

[18] Burgess, in: Wolff (Hrsg.), 56
[19] Peter Rühmkorf: Wolfgang Borchert, Rowohlt Taschenbuch Verlag, Reinbek bei Hamburg, 1961, S. 135
[20] Köpke, in: Wolff (Hrsg.), S. 110

Die derart hergestellte Verbindung zum Existentialismus wird eingehend diskutiert werden. In Gegenüberstellung und Vergleich insbesondere mit Sartre und Heidegger wird sich zeigen müssen, wie der spezifisch Borchertsche Beitrag zum modernen Menschen- und Lebensbild darzustellen ist.

Vorgreifend lautet die These, formuliert von T. Elm: „Daß die Literatur mit ihrem Hang zur Existenzphilosophie keineswegs die Existenzphilosophie verdoppelt, sondern ihr einen ganz eigenen Entwurf des menschlichen Daseins entgegenhält, daß läßt sich exemplarisch an Borchert zeigen."[21]

Ein Exkurs zu den inszenatorischen Möglichkeiten des Dramas rundet die Betrachtung ab; dieser Exkurs erscheint unter anderem als der Untersuchung zuträglich, da Autor wie Stück Theater als solches vielfach thematisieren:

> Schon daß das Drama Draußen vor der Tür sich als ein Stück ankündigt, das kein Theater spielen und kein Publikum sehen will zeigt den Blickwinkel des Schauspielers, aber auch dies Stück im Stück, die Kabarettvorstellung und die Theater-Diskussion Beckmanns, lassen das Theater sich selbst reflektieren. Bühne und Wirklichkeit, Schein und Sein, Kunst und Wahrheit, so heißt allemal der Bruch, der überdies in zahlreichen Geschichten seine Entsprechung findet.[22]

---

[21] Theo Elm: Draußen vor der Tür: Geschichtlichkeit und Aktualität Wolfgang Borcherts, in: Burgess/Winter (Hrsg.), S. 269
[22] Rühmkorf, S. 51

## II. Zum Dramentext

### II.1. Ausführungen zu wichtigen Figuren

### II.1.1. Beckmann/der Andere

#### II.1.1.1. Beckmann

Beckmann, der Protagonist des Dramas, wird in der Auflistung der dramatis personae als „einer von denen"[23] bezeichnet, womit die Repräsentationsfunktion der Figur bereits vor dem Beginn des eigentlichen Stücks deutlich ist.

Beckmann, dessen Vorname nicht genannt wird, weist drei äußerliche Auffälligkeiten auf: Bürstenfrisur, Gasmaskenbrille und ein steifes Bein. Alle drei Erkennungszeichen verweisen auf seine unmittelbare Vergangenheit: Krieg und Gefangenschaft. In Verbindung mit der temporal wie lokal recht genauen Positionierung des Geschehens[24] ist frühzeitig eindeutig, daß Beckmann das damalige Massenschicksal des Kriegsheimkehrers teilt.

---

[23] Borchert, Draußen vor der Tür, in: Gesamtwerk, S. 101

[24] Das Mädchen teilt Beckmann in der zweiten Szene in Bezug auf ihren Mann mit: "Seit Stalingrad ist er vermißt. Das war vor drei Jahren." (Borchert, Draußen vor der Tür, in: Gesamtwerk, S. 114) Am 31.1.1943 kapitulierte die 6. Armee der Wehrmacht in Stalingrad, das Drama spielt also Anfang 1946.
Die Figur die Elbe, ihr Ausspruch "Wer soll ich denn sein (...) wenn du in St. Pauli von den Landungsbrücken ins Wasser springst?" (Borchert, Draußen vor der Tür, in: Gesamtwerk, S. 106) sowie die Szenenanweisung "Blankenese" (Borchert, Draußen vor der Tür, in: Gesamtwerk, S. 108) zeigen Hamburg als Ort der Handlung an.

Insbesondere die Gasmaskenbrille erfüllt die Funktion eines Leitmotivs, sie steht gleichermaßen für die elende Vergangenheit wie für die außergesellschaftliche Gegenwartsposition der Hauptfigur[25].

K. Migner verweist zur inhaltlichen Signifikanz der äußeren Erscheinung Beckmanns auf zwei Textstellen[26]: In der Vorrede des Dramas wird Beckmann („der Mann, der nach Deutschland kommt'), mit einer Vogelscheuche verglichen: „Äußerlich ist er ein naher Verwandter jener Gebilde, die auf den Feldern stehen, um die Vögel (...) zu erschrecken. Innerlich – auch."[27] Das Mädchen meint, er trage „(...) innerlich auch so eine Gasmaskenbrille."[28]

Der Kriegsheimkehrer/Beckmann erscheint somit nicht nur als materiell benachteiligt, die offensichtlichen Defekte und Unzulänglichkeiten haben ihre Entsprechung in psychischen Phänomenen. Äußere und innere Verfassung in Verbindung führen zu jener gesellschaftlichen Position des Protagonisten, die in zweifacher Hinsicht asozial zu nennen ist:

Zum einen erscheint Beckmann seinen Mitmenschen – das Mädchen ausgenommen – als asozial im umgangssprachlichen, pejorativen Sinne, zum anderen ist er des gesellschaftlichen Lebens nicht mehr fähig, asozial im eher wörtlichen Sinne: ungesellschaftlich.

Dieses ungesellschaftliche Moment Beckmanns ergibt sich paradoxerweise gerade aus seinem Insistieren auf allgemein anerkannte Werte wie Gerech-

---

[25] Rühmkorf mißt der Gasmaskenbrille ebenfalls große Bedeutung zu: "Beckmanns Kleid ist im strikten Sinne Verkleidung, seine Maske, die Gasmaskenbrille, verbirgt das einzige Menschenantlitz in dieser Revue von Panoptikumsfiguren." (Rühmkorf, S. 134) Auf diese Hervorhebung des Menschen Beckmann und den Aspekt der Maskierung wird die Arbeit noch eingehen.

[26] siehe Migner: "Draußen vor der Tür", in: Interpretationen zu W. Borchert, S. 32

[27] Borchert, Draußen vor der Tür, in: Gesamtwerk, S. 102

[28] ebenda, S. 114

tigkeit, Verantwortung und Wahrheit. Beckmann, geprägt durch den Verlust und die Pervertierung eben dieser Werte, wird zum Außenseiter, weil er mit unbedingtem Anspruch eine Humanität einklagt, die in der realen Gesellschaft allenfalls als Ideal existiert. So distanziert ihm seine Mitmenschen ob seines Aussehens ohnehin gegenübertreten, erst in Reaktion auf seine Äußerungen wird das ganze Ausmaß der Kluft zwischen Beckmann und der Gesellschaft deutlich.

Fronterlebnis, Kriegsgefangenschaft und Familienverlust treiben ihn zu Beginn des Stücks in die Elbe, seine gesteigerte Verzweiflung am Ende des Dramas hat weitere, grundsätzliche Ursachen. Burgess bilanziert die Entwicklung wie folgt: „In den ersten Gesprächen mit der Elbe und dem Anderen war Beckmanns Einstellung zum Leben vor allem durch ein egozentrisches Selbstmitleid geprägt. Nun aber ist er von der Unmenschlichkeit auf breiter gesellschaftlicher Basis überzeugt – eine Einsicht, die keiner der von ihm angetroffenen Figuren gewährt wird."[29]

Beckmann repräsentiert für die mit ihm konfrontierten Menschen[30] sowohl die unmittelbare und trotzdem verdrängte Vergangenheit, als auch – den zeitgeschichtlichen Kontext übersteigend – die generell fragwürdig gewordene Humanität, der sie vordergründig allesamt verpflichtet sind. Rühmkorf stellt hierzu in sozialkritischer Wendung fest: „Als lahmender Krüppelheros wird er zum Sinnbild des herumvagabundierenden schlechten Gewissens, der Klage, aber auch der Anklage einer bürgerlichen Welt, die ihre Ordnung bereits wieder gefunden hat: im verschnittenen Mittelmaß und in der feigen Absicherung."[31]

---

[29] Burgess, in: Wolff (Hrsg.), S. 64
[30] Die bereits erwähnte Sonderstellung des Mädchens wird im Abschnitt II.1.3.1. behandelt.
[31] Rühmkorf, S. 134 f.

Demzufolge stellt Beckmann eine Herausforderung dar, der sich zu stellen kaum jemand ein Interesse hat: „Der zwischen Lebensdrang und tiefer Verzweiflung hin- und hergestoßene Beckmann (...) ist und bleibt doch letzten Endes der Ausgestoßene einer Gesellschaft, die aufbauen und so schnell wie möglich die schreckliche Vergangenheit vergessen möchte."[32]

Die Erkenntnis der Hauptfigur, eine Zumutung für die Mitmenschen zu sein, ist eine Ursache der im Verlaufe des Dramas zunehmenden Hoffnungslosigkeit.

Hinzu kommt Beckmanns mühsam und schmerzvoll erworbene Einsicht der Unauflösbarkeit seines Dilemmas: Die ihn bewegenden Fragen nach Verantwortung und Wahrheit erweisen sich als existentielle Probleme.[33] Die Intensität des Erlebten in Verbindung mit seinem enormen Drang nach Wahrhaftigkeit machen eine Verdrängung oder gar gelassene Hinnahme der verstörenden Erfahrungen unmöglich.[34]

Seine unbedingte Aufrichtigkeit macht die Situation für Beckmann vollends unerträglich. Neben der bereits angeführten Verständnislosigkeit seiner Umwelt quält ihn die Ambivalenz der Geschehnisse: In der Begegnung mit dem Mädchen ist er in der Rolle des Mannes bei seiner Frau. Gegen-

---

[32] Alexandre M. de Sterio: Wolfgang Borchert: Eine literatursoziologische Interpretation, in: Wolff (Hrsg.), S. 34

[33] Hierzu Migner: „In seiner grenzenlosen Einsamkeit versucht Beckmann etwas gültiges zu finden, was ihm einen Halt geben könnte. Und so möchte er die Verantwortung ebenso absolut fassen wie die Wahrheit. Die Begriffe stellen jedoch keine absoluten Werte dar und erlauben keine Orientierung. Im Gegenteil, das Radikale in Verantwortung und Wahrheitssuche führt Beckmann nur tiefer in seine Verzweiflung." (Migner: „Draußen vor der Tür", in: Interpretationen zu W. Borchert, S. 53 f.)

[34] derselbe: "Er kann nichts anderes zur Darstellung bringen als die unmittelbare, graue, nackte Wahrheit." (Migner: „Draußen vor der Tür", in: Interpretationen zu W. Borchert, S. 35)

über dem Einbeinigem ist seine Funktion die des Oberst ihm gegenüber gewesen.[35]

So kehrt sich die Totalität seines moralischen Anspruchs gegen ihn selbst, denn „(...) ebensowenig wie er bei der Frage nach Schuld und Vergebung zu Kompromissen bereit ist, so ist er es bei der Wahrheit."[36] Die Rigidität seiner Wahrhaftigkeit läßt keine Verdrängung, keine Flucht in die Opferrolle zu. Zugleich bewahrt ihn diese Rigidität vor jenem falschen Märtyrertum, das im vorgeblich demütigen Erdulden den Nachweis der Unschuld zu erbringen meint.

Die Figur Beckmann ist somit mehr als ein weiterer Kriegsheimkehrer in der Literatur, wie Rühmkorf betont: „Beckmann, spielte er nur seinen Heimkehrerpart, er wäre wohl bald durch die Sozialfürsorge seiner gröbsten Beschwerden enthoben, aber er sucht seinen Ort jenseits der befriedeten Sozietät, und diese Stelle ist wohl immer vakant und nie ganz aushonoriert."[37]

Auch K. Gullvag konstatiert: „Beckmann ist ein Heimkehrer. (...) Aber erstens und letztens ist er ein Mensch unserer Zeit. Seine Probleme sind nicht nur die Probleme eines früheren Soldaten, sie sind die Probleme des Menschen von heute. Denn seine Einsamkeit, ja seine Isolation, ist nicht nur

---

[35] Die Konstellation Oberst - Beckmann - Einbeiniger thematisiert die Problematik militärischer Befehlsstrukturen. Beckmann ist außerstande, Verantwortung abzulegen, die ihm übertragen wurde. Zu dem Dialog zwischen Beckmann und Oberst über dieses Thema sagt Migner: „Aus der Antwort Beckmanns spricht die Radikalität, die zunächst äußerst fragwürdig scheint, bei genauerer Überlegung aber als ungeheuerer sittlicher Ernst angesprochen werden muß." (Migner: „Draußen vor der Tür", in: Interpretationen zu W. Borchert, S. 34)

[36] Migner: „Draußen vor der Tür", in: Interpretationen zu W. Borchert, S. 35

[37] Rühmkorf, S. 135

seine spezielle, sondern ein Beispiel der Vereinsamung und der Isolation der Menschen von heute überhaupt."[38]

Über die eindringliche Darstellung des prototypischen Einzelschicksals der Nachkriegszeit gelingt Borchert die Gestaltung der grundlegenden Gefährdung des modernen Menschen.

### II.1.1.2. Der Andere

Der Andere wird vorgestellt als jener, „den jeder kennt"[39]. Damit ist ein wichtiger Aspekt dieser Figur hervorgehoben, sie kennzeichnet gewissermaßen eine anthropologische Konstante. Die Dialoge zwischen Beckmann und dem anderen reflektieren das zuvor Geschehene und verweisen auf die jeweils nächste Station, insofern ist der Andere als Ausformung eines Teils des beckmannschen Bewußtseins zu verstehen.

Die Äußerungen des Anderen haben jedoch häufig allgemeinen, grundsätzlichen Charakter, was die Reduzierung der Figur auf einen literarischen Kunstgriff zur Ermöglichung einer dramatischen Variante des epischen inneren Monologes unzulässig erscheinen läßt.[40] Burgess folgert in diesem Zusammenhang: „Also existiert der Andere nicht nur als Veräußerung eines Beckmannschen Traits, sondern als universelle Kraft, (...) die allen Menschen eigen ist und die jeder teilen kann."[41]

---

[38] Kare E. Gullvag: Der Mann aus den Trümmern: Wolfgang Borchert und seine Dichtung, Fischer Verlag, Aachen, 1997, S. 58 f.

[39] Borchert: Draußen vor der Tür, in: Gesamtwerk, S. 101

[40] Diese Funktion des Anderen in *Draußen vor der Tür* betont Gullvag: „Der Andere steht da, um den inneren Monolog möglich zu machen, reichere Fülle zu geben, mehr lebendig hervortreten zu lassen." (Gullvag, S. 56)

[41] Burgess, in: Wolff (Hrsg.), S. 62

Balzer ordnet den Anderen in die Tradition des Doppelgängermotivs ein: „Borchert nutzt hier das altbekannte literarische Stilmittel, widerstreitende Bewußtseinselemente als Doppelgängergestalt sich materialisieren zu lassen, oder auch die Schizophrenie oder Zerrissenheit eines ganzen Zeitalters mit einem alter ego des Protagonisten auf die Bühne zu bringen."[42]

Der Andere plädiert für den optimistischen Blick in die Zukunft, was immer auch in der Vergangenheit sich ereignet haben mag. Von daher repräsentiert er den kreatürlichen Lebenswillen[43], oder - originär menschlich gewendet – die Hoffnung: „Und so könnte der Andere als die Gestalt gewordene Hoffnung bestimmt werden."[44]

Rühmkorf geht näher auf die Beziehung zwischen Anderem und Beckmann ein: „Gehören sie beide zu einer Person, der Beckmann ohne Vornamen und der Andere ohne Gesicht, so sind sie dennoch nur zueinandergefügt, um sich mißzuverstehen. Sie begegnen einander, um im Streit zu liegen, treffen sich, um zu hadern, debattieren über den Sinn des Weiterlebens und den Unsinn des Todes – und kommen weder zu einem Ganzen noch zu einem gemeinsamen Nenner."[45]

Daß diese Inkompatibilität der beiden Figuren nicht nur Auswirkung innerer Widersprüche Beckmanns ist, sondern auch auf die ‚Zeitgeist-Repräsentanz'[46] des Anderen verweist, hebt C. Schröder hervor: „Der Andere, der Optimist (Beckmanns Widerspruch in sich selbst), macht einen sehr praktischen Vorschlag: Die Verantwortung, die das Gewissen belastet,

---

[42] Balzer, S. 26
[43] Rühmkorf bezeichnet den Anderen als „Vitalist", dessen „(...) Philosophie (...) ein nicht gerade subtiler elan vital" sei. (beide Rühmkorf, S. 136)
[44] Migner: „Draußen vor der Tür", in: Interpretationen zu Wolfgang Borchert, S. 37
[45] Rühmkorf, S. 136
[46] vgl. das Balzer-Zitat auf dieser Seite, Fußnote 3

zurückzugeben. Auch das gehörte 1946 zur weitverbreiteten Praxis – bis alle Schuld bei der angekohlten Leiche eines Hitler landet."[47]

Der Andere fungiert in letzterer Blickrichtung als Repräsentant einer Mehrheitseinstellung, was einerseits den gesellschaftskritischen Aspekt von *Draußen vor der Tür* befördert, andererseits jedoch die Plausibilität der These, er sei ein Teil derselben Person wie Beckmann schwächt. Diese Ambivalenz des Anderen veranlaßt Burgess festzustellen: „Der Andere bleibt eine der rätselhaftesten Figuren im deutschen Drama der Moderne."[48]

Verweisend auf Abschnitt V.2.2. dieser Arbeit[49] ist anzumerken, daß die Figur des Anderen aufgrund ihrer Mehrdeutigkeit (ihrer ‚Rätselhaftigkeit') ein möglicher Ansatzpunkt für eine Inszenierung von *Draußen vor der Tür* ist. Über die Gestaltung des Anderen ergibt sich ebenso die Ausrichtung Beckmanns, wie der Umgang mit den anderen irrealen Figuren des Stücks (die Elbe, Gott, Tod).

### II.1.2. Gott und Tod/die Elbe

### II.1.2.1. Gott und Tod

Neben dem Anderen und der Elbe treten in *Draußen vor der Tür* zwei weitere als Personen als irreal zu bezeichnende Figuren auf: Personalisierungen von Gott und Tod.

---

[47] Claus B. Schröder: Wolfgang Borchert, Ernst Kabel Verlag, Hamburg, 1985, S. 16
[48] Burgess, in: Wolff (Hrsg.), S. 62
[49] IV.2.2. Exkurs: Inszenierungsansätze, S. 69 ff.

25

Gott wird im Figurenverzeichnis als „der alte Mann, an den keiner mehr glaubt"[50] aufgeführt, der Tod als „der Beerdigungsunternehmer mit dem Schluckauf"[51] und als „ein Straßenfeger, der gar keiner ist"[52].

Vorgreifend ist anzumerken, daß die zweifache Nennung des Todes an dieser Stelle dem Übergewicht der Figur gegenüber der Gottesgestalt durchaus entspricht.

Zunächst jedoch einige Ausführungen zur Position der beiden Figuren im Stück.

Sie treten erstmals auf im Vorspiel, welches wie der Traum dem eigentlichen Stationendrama Beckmanns vorangestellt ist. Zwar ist Beckmann bereits in beiden Szenen präsent, doch die Herausnahme aus der Szenenzählung zeigt, daß hier etwas Außergewöhnliches stattfindet, eine andere Ebene dargestellt wird. Migner folgend kann man die beiden Szenen als zweifache Exposition bezeichnen, „(...) die sowohl die allgemeine („Vorspiel") wie auch die besondere Lage („Traum") zeigen, in der sich der Held des Dramas am Anfang der Handlung befindet."[53]

In der 5. Szene treten beide Figuren erneut auf, nun direkt mit Beckmann interagierend: „Gott und Tod sind einbezogen, die hier in der Imagination Beckmanns erscheinen, jedoch vom „Vorspiel" her eine unabhängige Existenz beanspruchen können."[54]

---

[50] Borchert, Draußen vor der Tür, in: Gesamtwerk, S. 101
[51] ebenda, S. 101
[52] ebenda, S. 101
[53] Migner: „Draußen vor der Tür", in: Interpretationen zu W. Borchert, S. 8
[54] ebenda, S. 16

Die verschiedenen Existenzebenen sind nicht scharf getrennt, Gott und Tod erscheinen gleichermaßen als das Absolute repräsentierende Allegorien und die menschliche (Beckmanns) Existenz betreffend.

Gott wird im Stück erst als dieser bezeichnet, nachdem er sich selbst so genannt hat: „Der Gott, an den keiner mehr glaubt."[55], ist seine Antwort auf die Frage des Beerdigungsunternehmers, wer er denn sei. Die Figurenbezeichnung der vorherigen Äußerungen Gottes lautet „der alte Mann"[56]. Der Stellenwert Gottes zeigt sich hier daran, daß er sich erst selbst vorstellen muß, seine Erscheinung ist nicht selbsterklärend.

Demgegenüber ist der Tod variabel bezeichnet, er tritt erst als Beerdigungsunternehmer, dann als Straßenfeger auf. Er selbst betont die Flexibilität seiner Erscheinung: „Heute als Straßenfeger. Gestern als General."[57]

Die Darstellung von Gott und Tod in *Draußen vor der Tür* weist unmittelbar auf jene Bedeutungsebene des Dramas, die unabhängig vom zeitgeschichtlichen Kontext ist. Sowohl im den beiden Figuren vorbehaltenen Vorspiel[58], als auch in der von Beckmann getragenen 5. Szene werden durch Gott und Tod universelle Fragen und Probleme thematisiert.

„Beckmann, bzw. sein Selbstmordversuch, sind zwar Gegenstand und Anlaß dieses Dialogs[59]; doch Beckmann selbst kommt nicht zu Wort, sein Schicksal wird vielmehr in den allgemeinen Bewußtseins- und Wirklich-

---

[55] Borchert: Draußen vor der Tür, in: Gesamtwerk, S. 104
[56] ebenda, S. 103 f.
[57] ebenda, S. 151
[58] Das Vorspiel läßt aufgrund der agierenden Figuren und der inhaltlich wie formal expositorischen Funktion an den ‚Prolog im Himmel' in Goethes Faust I denken, der ebenfalls ein Weltbild ausdrückt. Vgl. hierzu Gullvag: „Auf der Bühne folgt erst daß Vorspiel, das uns fast an „Prolog im Himmel" denken läßt." (Gullvag, S. 51)
[59] gemeint ist das Vorspiel

keitszusammenhang der Zeit gestellt:"[60] Dieser These Balzers ist zuzustimmen; erweiternd läßt der allegorische Charakter der agierenden Figuren die Einschätzung zu, daß Borchert im Vorspiel vor dem Hintergrundgeschehen des Beckmannschen Selbstmordversuches[61] eine anti-metaphysische Weltanschauung[62] gestaltet.

In Beckmanns Traum in der 5. Szene ist die Konfrontation mit Gott die umfangreichste Passage. Beckmanns Anklage erscheint hier ebenso nachvollziehbar wie obsolet, da die Gottesfigur ihr keinen echten Widerstand entgegensetzt; der indirekte Verweis auf den freien Willen des Menschen[63] erreicht Beckmann nicht: „Doch die Theodizee ist kein Problem für Beckmann, denn Gott ist funktionslos."[64]

Dem Rezipienten bietet diese Passage einen erweiterten Zugang auf das Drama geradezu an, „(...) weil Beckmann sich hier zum ersten mal mit Gott auseinandersetzt und weil in diesem Dialog die Ausweitung des Blickwinkels vom Einzelschicksal zur Menschheitsperspektive zum Ausdruck kommt."[65]

Demgegenüber tritt Beckmanns traumhafte Interaktion mit dem Tod in den Hintergrund, dessen Präsenz ohnehin unbestreitbar ist. Der Tod bietet sich

---

[60] Balzer, S. 24

[61] Die Tatsache, daß Beckmann im Vorspiel noch nicht als Individuum auftritt, sondern als „(...) einer von der großen grauen Zahl (...)" (Borchert: Draußen vor der Tür, in: Gesamtwerk, S. 103), verdeutlicht die allgemeine Gültigkeit der Szene.

[62] Näheres zur weltanschaulichen Dimension des Dramas in Abschnitt V.2.1., S. 46 ff.

[63] Ausgedrückt in den Sätzen: „Meine Kinder haben sich von mir gewandt, nicht ich von ihnen. Ihr von mir, ihr von mir. Ich bin der Gott an den keiner mehr glaubt. *Ihr habt euch von mir gewandt.*" (Borchert: Draußen vor der Tür, in: Gesamtwerk, S. 149, Hervorhebungen von mir)

[64] Balzer, S. 33

[65] ebenda, S. 33

als dauerhafte Möglichkeit an, ohne jedoch Trost oder gar Erlösung zu verheißen: „Meine Tür steht immer offen."[66]

Der Tod vertritt somit eine nihilistische Weltsicht[67], deren inhaltlichen Widerpart nicht Gott, sondern eine weitere Figur, die Elbe, übernimmt.

### II.1.2.2. Die Elbe

Die Elbe agiert in nur einer Szene, dem Traum. Die allgemeine Exposition des Vorspiels wird im Traum konkretisiert, der anonyme Selbstmörder des Vorspiels identifiziert als Beckmann.

Doch die Szene ist mehr als eine Fokussierung der vorherigen, die Elbe vertritt eine andere Position als der Tod. Dies zeigt sich zunächst im Habitus der Figur, „(...) an die Stelle der vom Tod produzierten Zynismen tritt (...) die polternde Gutmütigkeit der Elbe (...)"[68].

Entgegen Beckmanns Lamento, das wie ein resigniertes Echo der Äußerungen Gottes im Vorspiel klingt, besteht die Elbe auf einem ebenso originären Sterben wie Leben: „Bei mir kommst du mit solchen Ausflüchten nicht durch. (...) Auch wenn du sechs Jahre Soldat warst. Alle waren das. Und die hinken alle irgendwo."[69]

Balzer akzentuiert die Wertschätzung des Individuums in den Äußerungen der Elbe: „Die Elbe nimmt den Selbstmord Beckmanns nicht an, (...) ak-

---

[66] Borchert: Draußen vor der Tür, in: Gesamtwerk, S. 151
[67] Der traditionelle Nihilismus der Figur Tod ist abzugrenzen von der Nihilismuskonzeption Borcherts. Näheres hierzu in Abschnitt IV.2.1.2., S. 53 ff.
[68] Balzer, S. 25
[69] Borchert: Draußen vor der Tür, in: Gesamtwerk, S. 107

zeptiert also den Tod nicht als Massenerscheinung. Sie verlangt nach einem individuellen Tod, einer individuellen Begründung."[70]

Die Zurückweisung Beckmanns durch die Elbe ist auch als zweite Geburt gedeutet worden[71], zumeist einher mit dem Verweis auf die starke Mutterbindung Borcherts. Abgesehen davon, daß dieser autobiographische Hinweis bezüglich der Elbe unnötig ist[72], tragen mehrere weibliche Figuren in *Draußen vor der Tür* mütterliche Züge: „Die Elbe ist aber nur *eine* Muttergestalt unter vielen."[73]

Die Elbe bezeichnet Beckmann als „(...) gerade erst Angefangener."[74] Sein Tod käme zu früh, wäre unpersönlich, letztlich unmenschlich. Nach Auffassung der Elbe erfordert menschliches Leben Sinn und erlangt durch diesen Wert. Sie „(...) setzt dem sinnvernichtenden Nihilismus des Todes die Verpflichtung einer individuellen Sinngebung im Leben entgegen."[75]

## II.1.3. Das Mädchen, der Einbeinige/der Oberst (und seine Familie)/der Kabarettdirektor/Frau Kramer

### II.1.3.1. Das Mädchen, der Einbeinige

Mädchen und Einbeiniger sind die ersten Menschen, denen Beckmann in *Draußen vor der Tür* begegnet. Sie sind verheiratet, wie bereits aus ihrer

---

[70] Balzer, S. 25
[71] vgl. Balzers Ausführungen über Donald F. Nelson, in: Balzer, S. 43
[72] „Das Stück stattet ja die Elbe mit so vielen mütterlichen Attributen aus, daß es tiefenpsychologischer Voraussetzungen allerdings kaum bedarf, um ein entsprechendes Aha-Erlebnis auszulösen." (Balzer, S. 43)
[73] Balzer, S. 43
[74] Borchert: Draußen vor der Tür, in: Gesamtwerk, S. 107
[75] Balzer, S. 45

Vorstellung im Figurenverzeichnis deutlich wird: Sie ist „ein Mädchen, dessen Mann auf einem Bein nach Hause kam"[76], er „ihr Mann, der tausend Nächte von ihr träumte"[77].

„Das Mädchen (...) dementiert das vom Tod (...) entworfene Menschenbild."[78] Es interessiert sich für Beckmann, bietet ihm Hilfe und Obdach an. Tatsächlich jedoch entwickelt sich aus der Begegnung der beiden eines der Hauptprobleme Beckmanns und des gesamten Dramas. Migner folgend läßt sich dies wie folgt benennen: „Als bestimmend Grundtatsache der menschlichen Bezüge erscheint das notwendige Schuldigwerden des einzelnen am anderen."[79]

In der Konstellation Beckmann, Mädchen, Einbeiniger wiederholt sich die Situation zwischen Beckmann, seiner Frau und deren Freund.

Schon vor dem Erscheinen des Einbeinigen wird klar, daß Beckmanns Vergangenheit ihn nicht ruhen lassen wird: „Das Mädchen nimmt Beckmann die groteske Gasmaskenbrille ab, die Symbol für seine Soldatenexistenz ist."[80] Doch der Übergang in eine zivile, friedliche Existenz ist ihm verwehrt, er sieht „(...) alles nur noch ganz verschwommen."[81] Das Mädchen folgert betont lapidar, aber dadurch nicht weniger zutreffend: „Ich glaube, sie tragen innerlich auch so eine Gasmaskenbrille (...)."[82]

---

[76] Borchert: Draußen vor der Tür, in: Gesamtwerk, S. 101
[77] ebenda, S. 101
[78] Balzer, S. 27
[79] Migner: „Draußen vor der Tür", in: Interpretationen zu W. Borchert, S. 46
[80] Balzer, S. 27
[81] Borchert: Draußen vor der Tür, in: Gesamtwerk, S. 113
[82] ebenda, S. 114

Beckmanns Rollenwechsel mißlingt vollends, als er die ihm angebotene Kleidung probiert. Er erkennt die Situation, in die er sich gerade begibt: „Ich bin ja ein Witz in dieser Jacke. Ein grauenhafter, gemeiner Witz, den der Krieg gemacht hat."[83]

Das Mädchen hingegen verdrängt die Vergangenheit, betont deshalb den Augenblick: „Morgen liegen wir vielleicht schon weiß und dick im Wasser. (...) Aber heute sind wir doch noch warm."[84] Ihre naiven Versuche, Beckmanns Aufmerksamkeit auf das Hier und Jetzt zu fokussieren, müssen jedoch scheitern; die Situation bleibt korrumpierend, auch wenn das Mädchen sich dessen weder bewußt ist noch wird.

Mit dem Erscheinen des Einbeinigen wird die Problematik offensichtlich. Er spricht aus, was Beckmann zunächst nur ahnend andeutet: „Was tust du hier. Du? In meinem Zeug? Auf meinem Platz? Bei meiner Frau?"[85]

Hierzu Balzer: „Beckmann muß sich unversehens als unschuldig Schuldiger der gleichen Situation erkennen, in der er tags zuvor das Opfer gewesen war."[86]

Die Situation Beckmanns wie die des Mannes bei seiner Frau ist also die des schuldlos Schuldigen; Beckmann allerdings ist sich dessen bewußt, was ihn in ein unauflösbares Dilemma bringt. Er kann nicht zu seiner Frau, denn dieser Platz ist besetzt, er kann auch nicht bei dem Mädchen bleiben, denn dort würde er den Platz eines anderen beanspruchen.[87]

---

[83] ebenda, S. 114
[84] Borchert. Draußen vor der Tür, in: Gesamtwerk, S. 115
[85] ebenda, S. 116
[86] Balzer, S. 27
[87] Migner hebt Beckmanns Ohnmacht gegenüber dem Leid des Einbeinigen – der Entsprechung seiner selbst gegenüber dem Mädchen – hervor: „Beckmann war es nicht möglich, dem Einbeinigen zu helfen; aber gerade das macht die Situation so

Diese Ambivalenz von Täter- und Opferschaft erfährt ihre Steigerung durch den Umstand, daß der Einbeinige ein ehemaliger Untergebener Beckmanns ist, in Ausführung eines Befehls Beckmanns sein Bein verloren hat.[88]

Das Mädchen und der Einbeinige treten beide gegen Ende der 5. Szene in Beckmanns Traum erneut auf. In verkürzter Form wiederholt sich das Geschehen: Das Mädchen bietet Beckmann scheinbar eine Lösung, der Einbeinige interveniert erfolgreich durch die Feststellung der Beckmannschen Schuld.[89]

„Aus der Verstrickung von Täterschaft und Opferdasein gibt es keinen Ausweg (...)"[90], dies zeigt sich auch in Beckmanns Konfrontation mit seinem ehemaligen Vorgesetzten, der nächsten zu behandelnden Figur.

### II.1.3.2. Der Oberst (und seine Familie)

Es ist der Andere, der Beckmann vorschlägt, jenen Oberst aufzusuchen, der sein Vorgesetzter im Krieg war. Schröder verweist auf die zeitkritische Dimension dieses Vorgehens: „Der Andere (...) macht einen sehr praktischen Vorschlag: Die Verantwortung, die das Gewissen belastet, zurückzu-

---

schwierig und ist für die Urschuld charakteristisch." (Migner, „Draußen vor der Tür", in: Interpretationen zu W. Borchert, S. 46)

[88] Nach Verlassen der Wohnung des Mädchens sagt Beckmann zum Anderen: „Ich soll weiterleben, wo es einen Menschen gibt, wo es einen Mann mit einem Bein gibt, der meinetwegen nur das eine Bein hat? Der nur ein Bein hat, weil es einen Unteroffizier Beckmann gegeben hat, der gesagt hat: Obergefreiter Bauer, Sie halten ihren Posten unbedingt bis zuletzt." (Borchert, Draußen vor der Tür, in: Gesamtwerk, S. 117)

[89] Das Mädchen zu Beckmann: „Komm, wir wollen zusammen lebendig sein." Kurz darauf der Einbeinige zu Beckmann: „Wir werden jeden Tag ermordet und jeden Tag begehen wir einen Mord." (beide: Borchert, Draußen vor der Tür, in: Gesamtwerk, S. 162)

[90] Balzer, S. 33

geben. Ohne könnte das Leben angenehmer weitergehen. Auch das gehört 1946 zur weitverbreiteten Praxis - bis alle Schuld bei der angekohlten Leiche eines Hitler landet."[91]

Bevor Beckmann jedoch sein eigentliches Anliegen vorbringt, wird in der Konfrontation mit dem Oberst und seiner Familie erneut deutlich, welche Herausforderung Beckmann für die übrigen darstellt. Balzer konstatiert: „Zunächst (...) ist der Kontrast von Wohlstand und Armut für Borchert ein Mittel, ein Bild derjenigen zu entwerfen, die sich nach dem Krieg schon wieder häuslich eingerichtet haben und Beckmann „draußen vor der Tür" stehen lassen."[92]

Die Gasmaskenbrille fungiert erneut als Signatur der Differenz zwischen Beckmann und den Anderen. Diesmal markiert sie insbesondere die Vergangenheitsverleugnung, wie ebenfalls Balzers Ausführungen zu entnehmen ist: „Wieder ist Beckmanns Gasmaskenbrille über das Requisit hinaus Symbol für die Konfrontation der Restaurierten mit dem voraufgegangenen Krieg. Ihre Reaktion darauf kennzeichnet die Verdrängungstendenz:"[93]

Die Äußerung der Mutter lautet: „Vater, sag ihm doch, er soll die Brille abnehmen. Mich friert, wenn ich das sehe."[94] Darin liegt zweierlei: Zum einen die offensichtliche Absicht, jegliche Erinnerung an die unmittelbare Vergangenheit zu ignorieren; zum anderen eine ironische Kritik, die Verwendung des Wortes ‚frieren' gegenüber dem Sibirienheimkehrer Beckmann läßt die Aussage extrem unangemessen erscheinen. Dieselbe Kon-

---

[91] Schröder, S. 16
[92] Balzer, S. 28
[93] ebenda, S. 28
[94] Borchert: Draußen vor der Tür, in: Gesamtwerk, S. 119

struktion findet sich auch in der Vorstellung der Gattin des Obersts, sie ist „seine Frau, die es friert in ihrer warmen Stube"[95].

Auch in weiteren ihrer Äußerungen ist das Frieren ein zentrales Moment. Man kann davon ausgehen, daß ihrer stark ausgeprägten Verdrängungstendenz eine Ahnung der Tragweite der Beckmannschen Ausführungen und visionären Erzählungen zu Grunde liegt, wie auch Migner hervorhebt: „Sie (...) fühlt offenbar die Gefährdung, unter der er steht und die von ihm ausgeht, wenn man ihn und seine Problematik ernst nimmt."[96]

Demgegenüber erscheinen Tochter und Schwiegersohn des Obersts als naiv beziehungsweise ignorant überheblich, ihre Wahrnehmung Beckmanns beschränkt sich auf Äußerlichkeiten; da anzunehmen ist, daß beide derselben Generation wie Beckmann angehören, ein durchaus implizit kritisches Merkmal.[97]

Durch die Darstellung der Familie des Obersts wird generelle Gesellschaftskritik geübt, wie sich vor allem an der Reaktion auf das Entwenden des Brotes durch Beckmann zeigt: Nachdem die Tochter anmerkt, Beckmann wolle das Brot vielleicht essen, antwortet die Mutter verständnislos: „Ja, aber – aber das trockene Brot?"[98]

Die Auseinandersetzung Beckmanns mit dem Oberst hingegen befaßt sich konkret mit der Problematik von Schuld und Unschuld, der Frage nach Verantwortung und Wahrheit. Beckmann will die Verantwortung zurück-

---

[95] ebenda, S. 101
[96] Migner: „Draußen vor der Tür", in: Interpretationen zu W. Borchert, S. 42 f.
[97] Eine Altersangabe der beiden gibt es im Text nicht, da es sich aber offensichtlich um ein junges Ehepaar handelt, liegt der Schluß nahe.
[98] Borchert: Draußen vor der Tür, in: Gesamtwerk, S. 129

geben, die ihm der Oberst im Krieg übertragen hat.[99] Indem Beckmann die militärische Befelshierarchie wörtlich nimmt, wird diese ad absurdum geführt; an ihrer Fragwürdigkeit erweist sich auch die des Begriffes/Wertes Verantwortung. Schröder stellt diesen Zusammenhang trefflich dar: „*Sie übernehmen die Verantwortung!* Den Vorgang umdrehen macht ihn nicht besser. Schützt vor allem vor erneuter Wiederausgabe nicht – denn: Kann die Verantwortung leichter in die Hände der Verantwortungslosen zurückgeraten? *Verantwortung läßt sich weder ausgeben, noch zurückgeben, Sie läßt sich wahrnehmen, oder nicht wahrnehmen.*"[100]

Der Gegensatz zwischen Beckmann und dem Oberst ist krass. Der Offizier kann nicht begreifen, worum es Beckmann geht, zwischenzeitliche Beunruhigung übergeht er, flüchtet ins Lächerliche: „*Aber dann lacht er seine Beklemmung fort (...)*"[101].

Die Unvereinbarkeit der Standpunkte zeigt sich in der dritten Szene auch an der Sprache der beiden Figuren, der alltagssprachlichen Jovialität des Obersts steht der expressionistische Pathos Beckmanns gegenüber. Daraus entwickelt sich eine „(...) bitter-komödiantische Szene."[102]

Der Oberst, nach dem Krieg rasch wieder saturiert, ist ein wichtiger Ansatzpunkt zu einem die zeitgenössischen Umstände übersteigenden Verständnis von *Draußen vor der Tür*. Schröder hebt die Kontinuität der gesellschaftlichen Akzeptanz des Militärs auch nach dem Krieg hervor:

---

[99] „Ich bringe Ihnen die Verantwortung zurück.", in: Borchert: Draußen vor der Tür, in: Gesamtwerk, S. 125

[100] Schröder, S. 17 (kursive Hervorhebungen von mir)

[101] Borchert: Draußen vor der Tür, in: Gesamtwerk, S. 127

[102] Schröder, S. 16 f.

„Noch ist dieser ehemalige Oberst „arbeitslos", hat doch aber immerhin schon wieder die Möglichkeit, sich als Oberst zu verteidigen."[103]

Die gesellschaftliche ‚Tauglichkeit' des Obersts – entgegen der ‚Ungesellschaftlichkeit' Beckmanns – ist auch in seinem „(...) spießbürgerlichen Pragmatismus (...)"[104] begründet: „Ein freundlicher Mensch mit Humor. Er denkt praktisch. Das wird ihn verwendbar machen."[105]

Für den Oberst ist der Zweite Weltkrieg eine Episode, Vergangenheit ohne notwendige Auswirkungen auf seine und die gesellschaftliche Gegenwart: „Warum werfen sie den Zimt *(gemeint ist die Gasmaskenbrille, Anm. d. Verf.)* nicht weg. Der Krieg ist aus."[106]

Beckmanns Schicksal stellt sich für den Oberst als ein Resultat verfehlter Karriereplanung dar: „Warum sind Sie nicht Offizier geworden. Sie hätten zu ganz anderen Kreisen Eingang gehabt. Hätten 'ne anständige Frau gehabt, und dann hätten Sie jetzt auch 'n anständiges Haus. Wärn ja ein ganz anderer Mensch."[107] Die logische Konsequenz einer derartigen Sichtweise ist denn auch ein Angebot, das Beckmann schon einmal nicht helfen konnte: „Einstweilen bietet er Beckmann einen abgelegten Anzug an."[108]

Der Zynismus dieses Angebots wird gesteigert durch die damit verbundene Absicht, die der Oberst freimütig äußert: „Werden Sie erst mal wieder ein Mensch!!!"[109]

---

[103] ebenda, S. 17
[104] Balzer, S. 30
[105] Schröder, S. 17
[106] Borchert: Draußen vor der Tür, in: Gesamtwerk, S. 119
[107] ebenda, S. 121
[108] Schröder, S. 17
[109] Borchert: Draußen vor der Tür, in: Gesamtwerk, S. 128

„Die Phrase (...) assoziiert bei Beckmann jedoch den Anspruch des Absoluten (...)."[110] Die beckmannsche Reaktion, obgleich „(...) in expressionistischem O-Mensch-Pathos formuliert (...)"[111], ist purer Ernst: „Ein Mensch? Werden? Ich soll erstmal wieder ein Mensch werden? *(schreit)* Ich soll ein Mensch werden? Ja, was seid Ihr denn? Menschen? Menschen? Wie? Was? Ja? Seid Ihr Menschen? Ja?!?"[112]

Die Verantwortung, die Beckmann bewegt, existiert für den Oberst nicht. Als Beckmann über die Toten klagt, für die ihm der Oberst die Verantwortung übertrug, antwortet dieser lapidar: „So war das doch gar nicht gemeint."[113]

Beckmanns Replik darauf zeigt denselben unbedingten Anspruch und sittlichen Ernst wie die Reaktion auf die Aufforderung, Mensch zu werden: „Doch. Doch, Herr Oberst. So muß das gemeint sein. Verantwortung ist doch nicht nur ein Wort, eine chemische Formel, nach der helles Menschenfleisch in dunkle Erde verwandelt wird. Man kann doch Menschen nicht für ein leeres Wort sterben lassen."[114]

Ebenso wie mit der Verantwortung verhält es sich mit der Wahrheit. Die Wahrheit, um die es Beckmann geht, ist nicht die des Obersts. Dessen Wahrheit ist die der Etablierten, die des gesellschaftlichen Status Quo, unberührt von moralischen Zweifeln: „Wir sind doch Deutsche. Wir wollen doch bei unserer guten deutschen Wahrheit bleiben."[115]

---

[110] Balzer, S. 30
[111] Balzer, S. 30
[112] Borchert: Draußen vor der Tür, in: Gesamtwerk, S. 128
[113] ebenda, S. 126
[114] ebenda, S. 126
[115] Borchert: Draußen vor der Tür, in: Gesamtwerk, S. 120

Beckmanns Scheitern am Oberst ist Schröder zufolge die logische Konsequenz: „Denn daß er diese praktisch denkende subalterne Figur allein schon als Oberst sieht, sie zur Instanz macht, ist tragisch."[116]

Balzer bilanziert die Konfrontation zwischen Beckmann und dem Oberst folgendermaßen: „Die Kritik am Obersten (...) belastet diesen, aber sie entlastet Beckmann nicht. Dennoch bleibt ein gravierender Unterschied zwischen den beiden: Beckmann lebt im Bewußtsein von Schuld und Verantwortung, was der Oberst nur als Witz begreifen kann."[117]

### II.1.3.3. Der Kabarettdirektor

Den Kabarettdirektor sucht Beckmann auf, um - die Reaktion des Obersts wörtlich nehmend - als Komödiant zu arbeiten. Migner stellt diesbezüglich heraus: „Und eine Deutung der durchaus ernsthaft bedrohten menschlichen Existenz wird bezeichnenderweise kabarettistisch versucht."[118]

Rühmkorf betont, daß der Direktor wie der Oberst sehr realistisch gestaltet ist, „(...) wiederum keine Karikatur, sondern als der wohlsituierte Materialist durchaus nach dem Leben gemalt."[119] Er wird vorgestellt als jemand, „der mutig sein möchte, aber dann doch lieber feige ist"[120].

---

[116] Schröder, S. 17
[117] Balzer, S. 29
[118] Migner: „Draußen vor der Tür", in: Interpretationen zu W. Borchert, S. 51
[119] Rühmkorf, S. 142
[120] Borchert: Draußen vor der Tür, in: Gesamtwerk, S.101

Ähnlich wie in der Konfrontation mit dem Oberst werden Verantwortung und Wahrheit thematisiert, hinzu kommt eine ästhetische Erörterung, die eine sprachkritische Dimension mit sich bringt.[121]

Die Vorstellungen und Anforderungen des Kabarettdirektors scheinen zunächst auf Beckmann zu passen. Er fordert Wahrhaftigkeit, formuliert pathetisch: „Was uns fehlt, das sind die Avantgardisten, die das graue lebendige leidvolle Gesicht unserer Zeit repräsentieren."[122]

Wie wenig aufrichtig beziehungsweise realitätsnah seine Vorstellungen indes sind, zeigt sich einmal mehr an seiner Reaktion auf Beckmanns Brille. Sein Erstaunen über den Gegenstand selbst steigert sich noch, nachdem ihm dessen Kriegsverwendung mitgeteilt worden ist: „Wir haben doch längst wieder das dickste Zivilleben!"[123] Der Krieg ist dem Direktor keine Überlegung mehr wert, sein Verdrängungsmechanismus funktioniert nahezu perfekt, so daß er ohne Ironie über die Kriegserlebnisse Beckmanns zu sagen vermag: „Sonst nichts? Na, und was ist das? Reifen sie auf dem Schlachtfeld des Lebens, mein Freund."[124]

Die beredte Selbstsicherheit des Direktors basiert auf materiellem Wohlergehen und Ignoranz gegenüber solidarischer Verantwortung. Die Probleme anderer können und dürfen ihn nicht berühren, wie seine Äußerungen in der 5. Szene zeigen: Zunächst attestiert er Beckmann, er wäre „(...) einer von denen, die ein bißchen sensibel sind. Unangebracht heute, durchaus fehl am Platz."[125] Dann stellt er mit falschem, weil auf sein eigenes Leben

---

[121] Die an dieser Stelle knappen Ausführungen zur Sprachthematisierung in *Draußen vor der Tür* werden in II.2.2. und IV.2.1. ergänzt und vertieft werden.
[122] Borchert: Draußen vor der Tür, in: Gesamtwerk, S. 131
[123] ebenda, S. 131
[124] Borchert: Draußen vor der Tür, in: Gesamtwerk, S. 133
[125] ebenda, S. 157

nicht angewendetem, Fatalismus fest: „Sie waren eben einer von denen, von den Millionen, die nun mal humpelnd durchs Leben müssen und froh sind, wenn sie fallen. In die Elbe, in die Spree, in die Themse - wohin ist egal. Eher haben sie doch keine Ruhe."[126]

Was den Umgang - treffender: Nicht-Umgang - mit Verantwortung angeht, entspricht der Kabarettdirektor dem Oberst, wie auch Balzer hervorhebt: „Auch für den Direktor ist Verdrängung von Verantwortung Voraussetzung für materielles Wohlergehen"[127].

Sein Wahrheitsbegriff jedoch unterscheidet sich von der tumb militaristischen Auffassung des Offiziers. Wahr ist in den Reden des Kulturschaffenden jeweils das, was gerade opportun erscheint, seine Aussagen sind bisweilen kontradiktionär: „Junge Menschen brauchen wir, eine Generation, die die Welt sieht und liebt, wie sie ist. Die die Wahrheit hochhält, Pläne hat, Ideen hat."[128] Später dann schränkt er ein: „Das Publikum will gekitzelt werden und nicht gekniffen. Sonst ist es aber sehr brav für ihre Jugend."[129] Und schließlich: „Mit der Wahrheit hat die Kunst doch nichts zu tun!"[130]

Durch die gesamte Konversation zwischen dem Direktor und Beckmann zieht sich das Motiv gegenseitigen Unverständnisses, obwohl beide dieselben Ausdrücke und Begriffe benutzen. Die Unvereinbarkeit ihrer gesellschaftlichen Positionen zeigt sich hier an der Sprache, am Unvermögen Beckmanns, sich den Sprachgebrauch der Neuetablierten anzueignen. Rühmkorf stellt den Zusammenhang zwischen gesellschaftlicher Akzep-

---

[126] Borchert: Draußen vor der Tür, in: Gesamtwerk, S. 157
[127] Balzer, S. 30 f.
[128] Borchert, Draußen vor der Tür, in: Gesamtwerk, S. 130
[129] ebenda, S. 135
[130] ebenda, S. 136

tanz (krasser gewendet: Existenz) und sprachlicher Anpassungsfähigkeit heraus; der Direktor „(...) hat keine Umstellungsschwierigkeiten, ist so weltgeschmeidig wie wortgewandt (...)."[131] Als Steigerung der Konfrontation mit dem Oberst „(...) ist der Kabarettdialog geradezu eine Lektion von der Umwertung aller Worte."[132]

Das bestimmende Thema der Kontroverse ist ästhetischer Art: „Nicht zu vereinigende Vorstellungen von Kunst und Leben, Kunst und Arbeit, Kunst und Wahrheit."[133]

Damit erweitert sich das Drama um eine Dimension, was sich auch in der Gestaltung eines Spiels im Spiel niederschlägt.[134]

### II.1.3.4. Frau Kramer

In Gestalt der Frau Kramer tritt Beckmann schließlich dem Kleinbürgertum gegenüber. Diese Begegnung steht folgerichtig am Ende des Dramas, was sich in den Vertretern gesellschaftlicher Gruppen (Oberst und Direktor) offenbart hat, kulminiert in der Konfrontation mit der ‚Normalität'.

Diese Figur, „die weiter nichts ist als Frau Kramer, und das ist gerade so furchtbar"[135], ist bereits durch ihre Benennung bestimmt. „Schon im Vorspiel tauchte dieser Name auf. Herr Kramer ist dort der Allerweltsname für

---

[131] Rühmkorf, S. 142
[132] ebenda, S. 142
[133] ebenda, S. 142
[134] Die Darbietung Beckmanns in der 4. Szene („Das Lied von der sauberen Soldatenfrau").
[135] Borchert: Draußen vor der Tür, in: Gesamtwerk, S. 101

den schon wieder etablierten Normalbürger, und er ist es auch in dieser Szene."[136]

Balzer verweist zudem auf die „(...) assoziative Nähe (...)"[137] des Namens zu ‚Krämer', wodurch die materialistische-egoistische Ausrichtung unterstrichen wird.

Das eigentliche Anliegen Beckmanns, seine Eltern zu besuchen, dringt nicht zu Frau Kramer durch, ihr Hauptaugenmerk ist Besitzstandswahrung. „Ihr einziges Interesse gilt Besitzfragen:"[138], stellt auch Balzer fest.

Beckmanns Eltern haben sich umgebracht, da das nationalsozialistische Engagement des Vaters sie um Arbeit und Wohnung gebracht hat. Frau Kramer hat davon profitiert, ihre Stellungnahme jedoch ist lapidar: „War ja ein bißchen doll, das mit den Juden. Warum konnte er auch seinen Mund nicht halten. War eben zu aktiv, der alte Beckmann."[139]

Hier zeigt sich die Kontinuität (klein-)bürgerlicher Existenz, eine hermetische Welt- und Lebenssicht, die zum Arrangement mit veränderten Verhältnissen nichts weiter als einige Phrasen benötigt. „Ein paar Redewendungen genügen, um sich in der neuen Zeit zurechtzufinden."[140]

Jegliche Verantwortung läßt sich auf diese Art von sich weisen, wie beispielhaft „(...) die größte Lebensweisheit aller Opportunisten (...)"[141] zeigt: „Warum konnte er auch seinen Mund nicht halten."[142]

---

[136] Balzer, S. 31
[137] ebenda, S. 31
[138] ebenda, S. 32
[139] Borchert: Draußen vor der Tür, in: Gesamtwerk, S. 141
[140] Schröder, S. 19
[141] Schröder, S. 19
[142] Borchert: Draußen vor der Tür, in: Gesamtwerk, S. 141

Derart wird Recht zu einem Maß der Cleverneß; schuldig ist, wer erwischt wird, sich erwischen läßt. Auch die Beurteilung derjenigen, die ohne offensichtliche Schuld – in welchem Sinne auch immer – unterliegen, fällt Frau Kramer leicht: „Es gibt eben Figuren, die haben egal Pech."[143]

„Jeden Tag macht sich einer davon."[144] – dies festzustellen, vermag Frau Kramer, doch: „Aber das darf uns nicht kratzen, sonst wird uns noch das bißchen Margarine schlecht, das man auf Brot hat."[145]

Aus dieser Sichtweise erklärt sich auch Frau Kramers Wiedergabe der humorigen Bemerkung ihres Mannes zum Selbstmord der Eheleute Beckmann: „So was dummes, sagt mein Alter, von dem Gas hätten wir einen ganzen Monat kochen können."[146]

Daß diese Äußerung dem Sohn der Selbstmörder gegenüber nicht einmal zynisch gemeint, sondern unbedacht dahingesagt ist, macht für den Adressaten Beckmann gerade den Zynismus aus. Erneut erweist sich Beckmanns Außenseiterposition auch an sprachlichen Phänomenen, wird Kommunikation zum Prüfstein, an dem er scheitern muß.

Diesmal sind es jene Verhältnisse, denen er selbst entstammt, die ihm die Rückkehr in die Gesellschaft verweigern: „Die Bescheidung in den Bürgeralltag, das Glück im Winkel und das zurück in eine Welt unbelasteter Kindheit wird als Lösung verworfen."[147]

---

[143] ebenda, S. 159
[144] ebenda, S. 159
[145] ebenda, S. 159
[146] ebenda, S. 142
[147] Rühmkorf, S. 144

## II.2. Ausführungen zur formalen und sprachlichen Gestaltung

### II.2.1. Der formale Aufbau des Dramas

*Draußen vor der Tür* ist bei eher geringem Textumfang differenziert gegliedert: Der Dramentext beginnt mit dem Titel, dem eine Vorbemerkung vorangestellt ist: „Ein Stück, das kein Theater spielen und kein Publikum sehen will"[148]

Es folgt die Auflistung der dramatischen Figuren, die durch knappe Kommentare über eine bloße Aneinanderreihung hinausgeht und den Stellung nehmenden Charakter des Stücks vorbereitet. „Schon die typenhaften Namen der Mehrzahl der Figuren, weisen darauf hin, und Beckmann selbst ist nur „einer von denen", also eher repräsentativ als individuell."[149]

Der nächste Teil des Textcorpus ist eine prosaische Vorrede, die in gestraffter Form das Geschehen des Dramas referiert.

Nun erst beginnt das eigentliche Stück. Der ersten von fünf Szenen sind zwei weitere vorgeschaltet: Vorspiel und der Traum.

Im Verlauf der fünf Szenen läßt sich ein annähernd klassischer Aufbau feststellen; die ersten beiden Szenen bieten die Exposition, die beiden folgenden das zentrale Geschehen und die letzte schließlich gestaltet die Konsequenz, um eine Katharsis handelt es sich hier nicht.

Diese Textstruktur ist inhaltlich motiviert. Vorbemerkung, Figurenverzeichnis und Vorrede geben vorgreifenden Einblick in die Thematik. Dies geschieht von einem neutraleren Standpunkt aus, als das eigentliche dramatische Geschehen, welches durch den Protagonisten Beckmann be-

---

[148] Borchert: Draußen vor der Tür, in: Gesamtwerk, S. 99
[149] Burgess, in: Wolff (Hrsg.), S. 58

stimmt ist. Darüber hinaus erfüllen diese Bestandteile eine weitere Funktion, sie ermöglichen dem Autor eine textinterne Stellungnahme. Balzer verweist in diesem Zusammenhang insbesondere auf „(...) die Bedeutung der Vorbemerkung als integralen Bestandteil des *selbstinterpretatorischen Apparats*, den Borchert seinem Stück beigegeben hat."[150]

Auch die Szenenaufteilung folgt inhaltlichen Gesichtspunkten. Ausgehend von den drei Ebenen des Geschehens – ‚reale' Ereignisse, visionäre/traumhafte Gesichte Beckmanns und irreale Gestalten – schildert das Vorspiel den (anti-) metaphysischen Rahmen, der Traum das spezifisch beckmannsche Erleben und die übrigen Szenen die Konfrontation Beckmanns mit der Außenwelt und ihren Grundlagen.

In den fünf bezifferten Szenen setzt sich diese Struktur fort. Innerhalb des realistischen Stationendramas treten die irrealen Figuren auf und Beckmanns Träume werden zum szenischen Geschehen.

Das als Äquivalent des Vorspiels ein Nachspiel fehlt, beziehungsweise die Schlußsequenz der fünften Szene[151] nicht als ein solches gestaltet ist, hat ebenfalls inhaltliche Gründe: „‚Vorspiel' und ‚Traum' sind als Gegenpositionen so eng aufeinander bezogen, das sie auch formal zueinander (...) gehören (...)"[152]. „Ein ‚Nachspiel, das als Pendant zum Vorspiel fehlt, soll der Zuschauer selbst leisten (...)"[153]; diese These paßt zu einem Stück, das den Publikumsbezug mehrfach explizit herausstellt.

---

[150] Balzer, S. 24, (kursive Hervorhebungen von mir)
[151] Borchert: Draußen vor der Tür, in: Gesamtwerk, S. 147 ff.
[152] ebenda, S. 25
[153] ebenda, S. 34

Auch Burgess folgt dieser Einschätzung: „Somit ist der Schluß des Dramas bewußt offen und läßt sich weder eindeutig positiv (...) noch eindeutig negativ (...) interpretieren."[154]

Generell läßt sich dem Befund Gullvags zustimmen: „Die Szenen treiben keine Handlung vorwärts. Im Gegenteil kann man wohl sagen, daß jede Szene das ‚Draußen' redupliziert, steigert, verstärkt."[155]

## II.2.2. Die sprachliche Ausführung

Die in *Draußen vor der Tür* verwendete Sprache ist reich an Variationen. Umgangssprachliche Formulierungen, teilweise im mundartlichen Jargon, stehen neben expressionistischen Wortgemälden und zahlreichen neuen Wortschöpfungen.[156] Diese Mannigfaltigkeit der sprachlichen Gestaltung ist zunächst als Ausdruck der inhaltlichen Mehrschichtigkeit des Stücks[157] zu verstehen, wie auch Gullvag betont: „Denn diese Sprache harmoniert mit dem Inhalt."[158]

Die Verwendung umgangssprachlicher Redeformen stellt direkten Leserbezug her und unterstützt die realistischen Aspekte des Dramas. Die expressionistisch anmutenden Passagen stehen im Dienst der anderen Bedeutungsebene, die Beziehung Mensch – Welt wird durch sie ausgedrückt.

---

[154] Burgess, in: Wolff (Hrsg.), S. 66
[155] Gullvag, S. 55
[156] Da die Ausführungen zur sprachlichen Gestaltung in dieser Arbeit vorbereitenden Charakter haben, werden die aufgeführten Stilmittel nicht durchgehend mit Beispielen belegt. Ich verweise auf Rühmkorfs Monographie, die in dieser Hinsicht umfassende Information leistet.
[157] vgl. die Ausführungen im vorherigen Abschnitt
[158] Gullvag, S. 68

Gullvag konstatiert: „Borcherts Sprache ist hier zerbrochen, zerrissen. Seine Sätze sind oft kurz und alltäglich und haben nichts Erhabenes an sich. Sie sind häufig als Teile eines Schreis zu betrachten. Sie sind von Wiederholungen geprägt."[159]

Im Vergleich zu Borcherts Lyrik fährt Gullvag fort: „Die Sprache der Borchertschen Gedichte war ja im großen und ganzen formhaft. In ‚Draußen vor der Tür' bekommt man das Gefühl, daß der Dichter seine Sprache zerbrochen hat – und dann wieder von Anfang an angefangen hat."[160]

Diese These Gullvags ist zu präzisieren. Vorbereitend sei Borchert selbst zitiert, der in der programmatischen Schrift *Das ist unser Manifest*[161] - wenn auch „(...) weit entfernt von aller exakten Darlegung und umwendigen Erörterung (...)"[162] – seinen Anspruch an literarische Produktion formuliert:

> Wer schreibt für uns eine neue Harmonielehre? Wir brauchen keine wohltemperierten Klaviere mehr. Wir selbst sind zuviel Dissonanz.
>
> Wer macht für uns ein lilanes Geschrei? Eine lilane Erlösung? Wir brauchen keine Stilleben mehr. Unser Leben ist laut.
>
> Wir brauchen keine Dichter mit guter Grammatik. Zu guter Grammatik fehlt uns Geduld. Wir brauchen die mit dem heißen heiser geschluchzten Gefühl. Die zu Baum Baum und zu Weib Weib sagen und ja sagen und nein sagen: laut und deutlich und dreifach und ohne Konjunktiv.
>
> Für Semikolons haben wir keine Zeit und Harmonien machen uns weich und die Stilleben überwältigen uns: Denn lila sind nachts unsere Himmel. Und das Lila gibt keine Zeit für Grammatik, das Lila ist schrill und ununterbrochen und toll.

---

[159] ebenda, S. 67
[160] ebenda, S. 68
[161] Borchert: Das ist unser Manifest, in: Gesamtwerk, S. 308 ff.
[162] Rühmkorf, S. 151

> (...) Nein, unser Wörterbuch, das ist nicht schön. Aber dick. Und es stinkt. Bitter wie Pulver. Sauer wie Steppensand. Scharf wie Scheiße. Und laut wie Gefechtslärm.[163]

Hierzu Rühmkorf: „Borcherts Harmonielehre ist im Grunde eine maßgeschneiderte Konstitutionstheorie, eine geraffte Ästhetik der Disproportion. Weniger ein Mann des Schreis (...) ist er der Dichter des schreienden Gegensatzes. Seine Unruhe (...) äußert sich endlich gar nicht im Stammeln und unartikulierten Gebrüll, sondern in gezielten Kunstfiguren, die alle Spannungen aufgenommen und an sich gebunden haben."[164]

Rühmkorf führt weiterhin aus:

> Borchert komponiert (...) die Disharmonien, er polt die Widersprüche zu klar abgegrenzten Antithesen und verfestigt gegenstrebige Neigungen, Ansichten, Affekte zu haltbaren Paradoxen. Er gestattet sich die witzigsten Oxymora (...); preßt das Unstimmige höchst absichtsvoll zusammen (...); reiht und bindet in der Reihung mit Vorliebe Inkongruentes(...). Aber auch abgesehen von solchen einfachen Komplikationen, versteht er Sätze von dialektischer Doppelzüngigkeit zu bauen.[165]

Die Sprache in *Draußen vor der Tür* ist also gekennzeichnet durch Widersprüche diverser Art, eine Uneinheitlichkeit, die jedoch eben keine Beliebigkeit ist. In diesem Sinne steht die Sprache des Dramas im Dienste des zu vermittelnden Inhaltes.

Darüber hinaus erfüllt dieser Sprachduktus eine weitere Funktion, die insbesondere in Hinsicht auf die überzeitliche Aktualität des Stückes relevant ist. Ausgehend von der Heterogenität des sprachlichen Ausdrucks spricht Ohde von einer ‚Irritation' des Lesers, die – fälschlicherweise – des öfteren

---

[163] Borchert: Das ist unser Manifest, in: Gesamtwerk, S. 310 ff.
[164] Rühmkorf, S. 151
[165] ebenda, S. 151

als Ausgangspunkt für Kritik an der sprachlichen Kompetenz des Autors dient.

> Zu fragen wäre aber, ob nicht diese Irritation ein wesentliches, der Sprache Borcherts und seinen Texten eingelagertes Wirkungselement sei, das nicht nur als Wertung aus der Lektüre an die Texte herangetragen wird, sondern ihnen immer schon angehört hat und so eine Spur markiert, die die Erfahrung von Sprachnot nicht als Mangel zudeckt, sondern als selbstreflexives Moment in den Brüchigkeiten des Sprechens selbst sichtbar macht.[166]

Zur Fundierung und Erläuterung seines Ansatzes verweist Ohde auf literaturwissenschaftliche Tendenzen der Gegenwart, die formale wie inhaltliche Brüche gehaltvoll zu motivieren suchen: „Durch neuere Theoriedebatten und deren Themen, vor allem in den Diskursen Jacques Derridas und Julia Kristevas, ist ein Denken und sind Lektüren selbstverständlicher geworden, die die Differenzen und Brüche in den Texten als ihnen wesentliche Konnotate und nicht als Zeichen handwerklichen Scheiterns interpretieren."[167]

Ein solches Verständnis der sprachlichen Ausführung von *Draußen vor der Tür* legitimiert sich auch im Hinblick auf die Sprachsituation von Autor und Zeitalter:[168]

> Das Noch-nicht-Haben der Sprache als ein Problem individueller schreibgeschichtlicher Entwicklung, das Nicht-mehr-Haben von Sprache als das kollektive Problem der Krisen-Erfahrung von beschädigter Sprache: Beides zusammen ergibt die verschärfte Ausgangslage, in die der Schriftsteller Wolfgang Borchert im Deutschland von 1945 gestellt war. Ein Grundton von Sprachzweifel und

---

[166] Ohde, in: Burgess/Winter (Hrsg.), S. 127

[167] ebenda, S. 127

[168] Zur Problematik der ‚Sprachzäsur' von 1945 vgl.: Urs Widmer: 1945 oder die „Neue Sprache". Studien zur Prosa der „Jungen Generation", Schwann Verlag, Düsseldorf, 1966

Sprechgefährdung wird daher im Schreiben (...) als Memento mittransportiert.[169]

Das dialektische Verhältnis der Sprache, die ihre eigene Unzulänglichkeit durch implizite Selbstthematisierung aufweist, ist unbeabsichtigt kaum herzustellen. Konzediert man Borchert demnach auch eine derartige Aussageabsicht des Dramas, erhält es eine zeitunabhängige Relevanz: Die Thematisierung des zentralen Begriffes Wahrheit wird nicht nur durch die dramatischen Ereignisse, sondern auch auf der Ebene seines Mediums, der Sprache, geleistet.

Auch Rühmkorf kommt auf seinem Wege der textgebundenen Erörterung zu diesem Fazit: „Borcherts *Harmonielehre* zielt auf das enge Beieinander des Disparaten. (...) Das Mittel heißt: Überstilisierung und sprachliche Extremsituation. (...) Es ist ein Kapriolenreichtum, der (...) gleichzeitig die Kapitulation der Sprache vor der unaussprechlichen Wirklichkeit anmeldet (...)"[170].

Abschließend ist festzuhalten, daß Borcherts Sprachverwendung beabsichtigter ist, als es zunächst den Anschein hat. Die emotionale Intensität der verwendeten Sprache - bis hin zum maßlosen Pathos - entspringt eben nicht einer ebensolchen Intention, wie Schröder betont: „Mögen Borcherts Sätze noch so wortreich-leidenschaftlich dastehen - geschrieben sind sie mit dem ernüchterten Blick auf Leidenschaften."[171] Dazu paßt die für Borcherts Verhältnisse diszipliniert rationale Arbeitsweise beim Verfassen des Dramas: „*Draußen vor der Tür* entsteht nicht als Gefühlsrausch, unreflektiert

---

[169] Ohde, in: Burgess/Winter (Hrsg.), S. 128
[170] Rühmkorf, S. 152 ff.
[171] Schröder, S. 11

als letzter Aufschrei aus verlorener Resignation. Borchert will - und er weiß, was er sagt."[172]

---

[172] ebenda, S. 289

## III. Zur Wirkungsgeschichte des Dramas

Die Wirkungsgeschichte von *Draußen vor der Tür* ist nicht auf die unmittelbare Nachkriegszeit beschränkt. Anknüpfend an die Erörterungen in III.2.2. läßt sich mit Balzer feststellen: „Borcherts Sprache machte *Draußen vor der Tür* gerade in seiner Widersprüchlichkeit zum Identifikationsangebot für die Sinnsuche aus unterschiedlichstem Blickwinkel und aus zeitlichen Zusammenhängen heraus, die sich in der über 40jährigen Rezeptionsgeschichte des Stückes mehrfach vollständig verändert haben."[173]

Die erste Phase der Wirkungsgeschichte ist kaum akademisch. Es überwiegen Rezensionen der Aufführungen, beziehungsweise zunächst der Ausstrahlungen der Hörspielfassung. Auch das Publikum meldet sich zahlreich in Leser- und Hörerbriefen zu Wort. Die vorherrschende Einschätzung des Dramas ist ebenso positiv wie unreflektiert: Offensichtlich befriedigt *Draußen vor der Tür* zu dieser Zeit ein Bedürfnis der deutschen Öffentlichkeit nach Artikulation, nach Darstellung (und dadurch Bewältigung) einer Befindlichkeit, für die das Drama und sein Autor als prototypisch angenommen wurden. Viele Zuhörer und Zuschauer erkennen sich selbst oder einzelne Erlebnisse im Drama wieder, der unmittelbare Zeitbezug ist primärer Diskussionsgegenstand. In einer der ersten Rezensionen heißt es:

> Die oft gestellte Frage ‚Wo bleibt die Jugend?' ist schlagartig beantwortet worden. Aus dem Mund eines talentierten Dichters hat die Jugend gesprochen, klar und aufrüttelnd. Aus tiefster Not und in vollster Bedrängnis stellt sie die große Frage nach dem Sinn und Zweck dieses Lebens, Antwort von Gott und den Menschen fordernd. Die Jugend steht nicht abseits, sie ist nur vorsichtig geworden – nicht aus Angst; sondern aus Mißtrauen. (...) Borchert gibt keine Antwort auf die brennenden Fragen des jungen Heimkehrers; er will und kann sie gar nicht geben; denn sie sind das Problem der

---

[173] Balzer, S. 46

> Zeit, der Notschrei der jungen Menschen, die so gern ‚ja' sagen möchten. Er will zeigen, daß Güte und Klugheit keine selbstverständlichen Eigenschaften des Menschen mehr sind, sondern daß eine diabolische Gewalt in uns steckt. Er will uns aufrütteln aus der Trägheit unserer Herzen und uns vor dem Abgrund, an dessen Rand wir stehen, durch einen Aufschrei zurückreißen.[174]

Etwas mehr als ein Jahr später heißt es: „Was war geschehen? Ein Schrei hatte das Publikum erreicht, ein Schrei die gläserne Trennwand durchstoßen, die heute millionenfach die Menschen voneinander trennt und im Raume des deutschen Lebens die unheimliche Echolosigkeit erzeugt, die uns wie nichts anderes gefühlsmäßig auf der Stelle treten läßt."[175]

Auffallend an der frühen Rezeption sind die emotionale Intensität der Reaktionen und - damit einhergehend – der Blick auf den Autor, die Identifikation Borcherts mit Beckmann: „In dieser Reaktion identifizierten sich Tausende mit Beckmann und identifizierten zugleich Beckmann mit Borchert, den Mythos begründend, der das Stück seither begleitet."[176]

Exemplarisch hierzu folgendes Zitat:

> Am Schicksal dieses Autors und seines Stückes tritt in vielfacher Brechung die große Tragödie unserer Zeit zutage. Es ist das ‚Zeit'-Stück schlechthin mit all seinen Tugenden und Mängeln, das Stück, nach dem die Feuilletonisten schrein und das nur Dichter schreiben können. (...) Hier ist, manchmal in unbeholfener Form, aber ungeheuer eindringlich und hellsichtig, persönlich und fern aller Konvention, mit einer bei aller scheinbaren Schnoddrigkeit genialischen sprachlichen Prägnanz die Problematik unserer Welt in einem erschütternd wahrhaftigen *Selbstbildnis* dargestellt. Tragisch wie der Inhalt, tragisch wie das Untergehen des Autors, der für sich die Antwort auf die vielen großen allgemeinen Fragen in einem kleinen privaten Tod finden mußte, ist das dünne Echo in dieser unserer Welt an Stelle des Aufschreis, der dem Anlaß entspräche, und doch

---

[174] G. K. in: Hamburger Freie Presse, 26.2.1947, zitiert nach: Balzer, S. 47
[175] Sonntag [Berlin], 25.4.1948, zitiert nach: Balzer, S. 56
[176] Balzer, S. 36

auch wieder von makabrer Sinnhaftigkeit. (...) Die Tragödie Borcherts (und Beckmanns) ist auch unsere Tragödie."[177]

Diese autorbiographische Tendenz ist eine Konstante der Borchert-Rezeption: „This indeed seems to have been the approach common to many scholars and does not confine itself to any one methodological approach (...)."[178] Burgess und H.-G. Winter bemerken dazu kritisch: „Ein weiterer Aspekt der Rezeptionsgeschichte, der sich heute durchaus auch als Hemmnis für eine unbefangene Rezeption der Texte auswirken kann, ist, daß sie fast immer im Blick auf das kurze Leben des Autors gelesen und präsentiert werden."[179]

Warkentin gliedert die Sekundärliteratur zu Borchert anhand dreier Biographien: „Secondary literature dealing with Borchert's oeuvre can be categorized into three distinct periods. Each phase boasts a biography as its centerpiece: Meyer-Marwitz in 1948, Rühmkorf in 1961 and Schröder in 1985. Each of these biographies helped shape the way in which Borchert's works were viewed. The new data presented in each helped alter the perspective taken by subsequent analyses."[180]

Daß die erste wissenschaftlich relevante Untersuchung zu Borchert und *Draußen vor der Tür* ein *biographisches* Nachwort ist, hat die Borchert-Forschung nachhaltig geprägt: „Meyer-Marwitz's „Nachwort" to the 1949 *Gesamtwerk* (...) was the first attempt at a comprehensive survey of Borchert's life and works. (...) Although one might today dismiss Meyer-

---

[177] Hans Weigel, in: Die Komödie [Wien], 1947/48, #6, S.194 f., zitiert nach: Balzer, S. 48 (kursive Hervorhebung von mir)

[178] Erwin J. Warkentin: Unpublishable works: Wolfgang Borchert's literary production in Nazi Germany, Camden House, Drawer (Columbia), 1997, S. 6

[179] Burgess/Winter: Einleitung, in: Burgess/Winter (Hrsg.), S. 13

[180] Warkentin, S. 3

Marwitz's essay as unscholarly, ist effect on the subsequent reception of Borchert's work was immense."[181]

Mit einigem zeitlichen Abstand zur Entstehungssituation des Dramas geraten andere Aspekte in den Blickwinkel der Rezeption (ohne die Autorbiographie zu verdrängen): *Draußen vor der Tür* wird in die zeitgenössische Geistesgeschichte eingeordnet; in literarischer Hinsicht betont die Forschung den expressionistischen Charakter des Stücks, weltanschaulich werden Existentialismus und Nihilismus herangezogen: „On an artistic level, Borchert was identified with the Expressionist school. (...) The philosophy that constituted the substructure of Borchert's writing was found to be the existential nihilism."[182]

Diese Richtung der Rezeption des Dramas beginnt mit A. Klarmann: „He portrays Borchert as a German version of the French philosopher Jean Paul Sartre (...). (...) In his analysis of Borchert's oeuvre, Klarmann notes that Borchert exhibited a strong „dependence on Expressionist drama" that can be seen in *Draußen vor der Tür* (111)."[183]

Dieser Ansatz wird beständig aufgegriffen, zunächst einer akademischen Mode entsprechend, wie Warkentin anmerkt: „In 1956, Karl Weimar returned to the problem first suggested by Klarmann, the existential analysis of Borchert's works, a critical method that was in vogue at that time."[184]

Weimars Untersuchung, auf die noch ausführlich einzugehen sein wird, findet zahlreiche Anknüpfungen auch nachdem die öffentliche Konjunktur

---

[181] Warkentin, S. 4

[182] ebenda, S. 7

[183] ebenda, S. 4 f., inneres Zitat samt Seitenangabe bezogen auf: Adolf Klarmann: Wolfgang Borchert: The Lost Voice of a new Germany, in: Germanic Review, #27, 1952

[184] ebenda, S. 6

der Existenzphilosophie abgeebbt ist; Elm betont noch 1996 diese Beziehung als relevanten Aspekt: „Es ist der Diskurs, den in den 40er, 50er Jahren die Literatur mit der Philosophie führt, mit der Existenzphilosophie."[185] Trotz dieser hintergründig philosophischen Erörterungen bleibt die autorbiographische Analyse jedoch – zumindest quantitativ – bestimmend: „Unter dem Eindruck des Borchert-Mythos gibt es für Fatalismus, Hoffnungslosigkeit, Nihilismus nur ein Erklärungsmuster: die Lebensumstände Borcherts, die Todesnähe, haben auch das Stück geprägt. Dies ist der Ausgangspunkt für die meisten der zahlreichen autorpsychologischen Deutungen."[186]

Auch B. Clausen weist auf diese Verengung der Perspektive durch den ‚Borchert-Mythos' hin:

> Die Todesnachricht erst (...) besiegelte die Dignität des dargestellten Leidens; nicht nur im Bühnen-„Beckmann", in Borchert hatte sich das Schicksal einer „verlorenen Jugend in einem zerschlagenen Lande" final verwirklicht. (...) Und ich vermute, daß die Borchert-Rezeption mit Relikten dieserart Bewegungshemmung noch zu kämpfen haben wird, so lange die im Rezipienten latent nachklingende Requiemstimmung vom Lektüreeindruck nicht abgezogen, mithin also ein tiefreichend illiterates Wirkungsmoment eliminiert wird.[187]

Die Beschränkung des Zugangs zu *Draußen vor der Tür* auf autorbiographische und dem Zeitstück-Aspekt verhaftete Ansätze kritisiert auch der amerikanische Autor Tennessee Williams: „Ich glaube, daß die Menschen, die dieses Stück erlebt haben – vor allem die Deutschen -, nur die Zeitgeschichte, das Gegenwärtige, das ihre eigenen Nöte widerspiegelte, verstan-

---

[185] Elm, in: Burgess/Winter (Hrsg.), S. 269

[186] Balzer, S. 42

[187] Bettina Clausen: Rückläufige Jugend. Bemerkungen zum frühen Borchert-Erfolg, in: Burgess/Winter (Hrsg.), S. 225

den haben. Daß hier der Aufbruch zu einer psychoanalytischen Dramatik in Deutschland geschehen war, hat niemand bekümmert (...)."[188]

Abschließend ist zu betonen, daß die akademische Rezeption des Dramas wie der Werke Borcherts insgesamt im deutschsprachigen Raum von recht geringem Umfange ist: „Auffällig ist, daß die deutsche Germanistik sich gegenüber Borchert sehr zurückgehalten hat. (...) Offensichtlich ist Borchert für die deutsche Germanistik nur bedingt ein Gegenstand, über den man sich mit Untersuchungen im eigenen wissenschaftlichen Feld legitimieren kann."[189]

Elm kommt zu demselben Fazit: „In der Geschichte der Nachkriegsliteratur hat Wolfgang Borchert ein merkwürdig gebrochenes Schicksal: Publikumserfolg und Werkkritik klaffen weit auseinander. (...) Borcherts Dauererfolg steht (...) in deutlichem Mißverhältnis zur Zurückhaltung, mit der im allgemeinen die Germanistik dem Autor begegnet."[190]

Als wie aktuell *Draußen vor der Tür* verschiedentlich betrachtet worden ist, werden einige Auszüge aus Zeitungsartikeln verdeutlichen. 1967 heißt es beispielsweise: „Borcherts einziges Drama ist ein reifes Werk, weil Schuld nicht abgewälzt, sondern als Conditio humana erkannt wird."[191]

1968 bezüglich der Reduzierung auf ein Zeitstück: „Man glaubte diesen szenischen Protest gegen Krieg und Gleichgültigkeit längst, als einen letzten expressionistischen Versuch, begraben in den Schubladen der Zeit- und

---

[188] Tennessee Williams, zitiert nach Balzer, S. 43 (die bibliographische Angabe bei Balzer lautet: „zit. nach: Bernd Weßling, Verzweiflung exemplarisch. In: dpa-Brief/Kultur vom 2.2.1972, das Zitat stammt aus dem Jahre 1962")

[189] Burgess/Winter: Einleitung, in: Burgess/Winter (Hrsg.), S. 13

[190] Elm, in: Burgess/Winter (Hrsg.), S. 263

[191] Karl Korn, in: Frankfurter Allgemeine Zeitung, 21.11.1967, zitiert nach: Balzer, S. 51

Literaturgeschichte. Die simple Frage aber, wo steht die Generation heute, für die er einst stand, hat ihn überraschend wiederbelebt."[192]

„Woran liegt es, daß seit jeher die Aufführungskonjunkturen seines *(gemeint ist Borchert, Anm. d. Verf.)* Stücks *Draußen vor der Tür* mit Ereignissen verbunden sind, die das Jugendphänomen eines moralischen Enthusiasmus herausfordern?"[193], fragt Elm. 1977 ist zu lesen: „Borcherts Unteroffizier Beckmann (...) ist insofern eine aktuelle Figur, als er den moralischen Rigorismus unserer jetzigen jungen Generation vorweggenommen hat. (...) Der Mann, der sich dem erst vage abzeichnenden Wirtschaftswunder versagte, erweist sich als Vorläufer und Gesinnungsfreund derjenigen, die die Wohlstandsgesellschaft überwinden wollen."[194]

„Seit jeher hat Borchert mit seinem Drama offenbar deshalb viele erreicht, weil das Rezeptionsspektrum des Stücks größer ist, als es die Kritiker wahrhaben wollen (...)"[195], formuliert Elm, und weiterhin: „Denn das Stück ist nicht nur ein Zeitstück aus dem Jahre 1947. In die realistischen Szenen um den in Hamburg umherirrenden Sibirienheimkehrer Beckmann ist noch ein anderes Drama eingeflochten. Es weitet den Blick über den historischen Ort hinaus auf die existentielle Situation des Menschen überhaupt."[196]

---

[192] Hans Schwab-Felisch, in: Frankfurter Allgemeine Zeitung, 11.3.1968, zitiert nach: Balzer, S. 51
[193] Elm, in: Burgess/Winter (Hrsg.), S. 273
[194] Horst Köpke, in: Frankfurter Rundschau, 17.11.1977, zitiert nach: Balzer, S. 51
[195] Elm, in: Burgess/Winter (Hrsg.), S. 274 f.
[196] ebenda, S. 276 f.

# IV. Zur überzeitlichen Aktualität von *Draußen vor der Tür*

## IV.1. Die Aktualität der Kriegs- und Heimkehrerthematik

„Der Heimkehrer ist seit Homer *(Odysseus)* und Aischylos *(Agamemnon)* eine in der Literatur sämtlicher historischer Epochen anzutreffende Gestalt."[197]

Aus dieser motivgeschichtlichen Perspektive[198] ist *Draußen vor der Tür* bereits mehr als eine bloße Reaktion auf die Umstände der Entstehungszeit, das Drama steht von vorneherein in einem Kontext. Die Konjunktur, die der Heimkehrer in der Literatur während militärisch geprägter Phasen erfährt,[199] deutet auf die Zeitlosigkeit des Motivs. Unabhängig von den speziellen Umständen der jeweiligen kriegerischen Auseinandersetzung sind Heimkehrer die Protagonisten jener Literatur, die sich der Auseinandersetzung mit Krieg und Nachkrieg stellt. Wie die Literatur über die konkrete (zeitstückhafte) Gestaltung der einzelnen Heimkehrerfiguren zu Aussagen genereller Relevanz kommt, zeigen die zwei folgenden Positionen:

> Der Heimkehrer vermag die physische Heimkehr nicht in eine seelische zu verwandeln, da er nicht am alten Punkt anknüpfen kann. Das, was er im Kriege tun und erleiden mußte, hat sein inneres Gleichgewicht zerstört, er schwankt zwischen Überbewertung und Unterbewertung seiner selbst und komprimiert diesen Zustand durch Überempfindlichkeit und das Gefühl moralischer Überlegenheit, für die ihm aber seine Stellung in der Öffentlichkeit keine Stütze gibt. (...) Heimat und Familie haben dagegen gelernt, ohne ihn zu leben, und stehen seiner Haltung skeptisch, ja ablehnend gegenüber, sie finden schneller zum Nachkriegslebensgenuß. Das Ge-

---

[197] Balzer, S. 14

[198] vgl. hierzu: Elisabeth Frenzel: Motive der Weltliteratur, Kröner Verlag, Stuttgart, 1992

[199] „Daß Kriegs-, vor allem aber Nachkriegszeiten dieses Motiv besonders häufig gestalten, ist verständlich, ja selbstverständlich." (Balzer, S. 14)

fühl des Außenstehens und des vergebens gebrachten Opfers führen den Heimkehrer zu Ressentiments und Resignation oder auch zu Gegenhandlungen.[200]

Vor ideologisch anderem Hintergrund heißt es:

> Für die Nachkriegsdramatik bot der Heimkehrerstoff aus dem gesellschaftlichen Schnittpunkt zwischen der Abrechnung mit der unmittelbaren Vergangenheit und dem Neufinden in Gegenwart und Zukunft eine produktive Basis für tiefere historische Einsichten gegenüber der Umwelt, als das im ‚normalen' Alltag der antagonistischen Klassengesellschaft möglich ist. Historisch in einer Zeitenwende stehend, mußte der Heimgekehrte, bevor der den Sinn seines weiteren Lebens, seiner menschlichen Existenz als Glied einer Gesellschaft begreifen konnte, das Wesen der Vergangenheit erfassen und zu geschichtlichen Lehren von nationaler Tragweite vorstoßen. Die dem Stoff innewohnende historische Kausalität von Krieg und Nachkrieg war zugleich der wichtigste Knotenpunkt, um in einer Figur des Heimkehrers die Dialektik von Individuellem und Gesellschaftlichem dramatisch realisieren zu können.[201]

Demnach ist Beckmann nicht nur der Sibirienheimkehrer des Zweiten Weltkriegs, sondern auch die erneute Gestaltung eines Prototyps, heranziebar zur Darstellung von und Stellungnahme zu auch historisch späteren Situationen. Borcherts „(...) auf tiefster emotional existentieller Abneigung beruhender Antimilitarismus (...)"[202] führt denn auch zu wiederholter derartiger Anwendung, wie Burgess/Winter betonen: „Diese Grundhaltung hat die Leser angezogen, und, wie die deutsche Rezeptionsgeschichte zeigt, nicht nur unmittelbar nach dem Krieg, sondern noch weit später zu Zeiten des Betonens militärischer Optionen, so während der Auseinandersetzun-

---

[200] Frenzel, S. 338 f.
[201] Forschungsgruppe Dramatik und Theater (Hrsg.): Theater in der Zeitenwende. Zur Geschichte des Dramas und des Schauspieltheaters in der DDR 1945 – 1968, Band 1, Ostberlin (DDR), 1972, S. 123 f.
[202] Burgess/Winter: Einleitung, in: Burgess/Winter (Hrsg.), S. 12

gen um die deutsche Friedensbewegung und im Rahmen der Antiatomwaffen- und der Friedensbewegung."[203]

Beispielhaft für die sich historisch stets erneuernde Aktualität des Dramas sei die Zeit des Vietnamkrieges genannt; zu einer Inszenierung von 1968 heißt es in einer Rezension:

> ‚Mit der Wahrheit ist das wie mit einer stadtbekannten Hure. Jeder kennt sie, aber es ist peinlich, wenn man ihr auf der Straße begegnet.' Solange diese Sätze aus Wolfg. Borcherts ‚Draußen vor der Tür' gelten, wird man diese große Klage und Anklage einer verzweifelten Heimkehr auf den Bühnen der Welt spielen können (und müssen). Denn die Anklage ist ablösbar von der historischen Situation von 1945, sie ist zeitlos, solange Menschen aus Kriegen heimkehren und vor den Leichen ihrer Familien und den Trümmern ihrer Existenz stehen. Beckmann 1968, das kann ein Vietnamese (im Norden oder Süden) sein.
>
> (...) Er *(der Regisseur, Anm. des Verf.)* deckt auf, daß hinter dem Pathos eine Wirklichkeit durchscheint, die sich jederzeit und an jedem Ort wiederholen kann. (Vietnam wird nirgendwo auch nur angedeutet. Und doch ist es in jeder Szene überdeutlich gegenwärtig.)[204]

Hieran anknüpfend läßt sich *Draußen vor der Tür* Elm folgend in eine bestimmte Dramentradition einordnen:

> Es geht hier nicht um die aristotelische *Reinigung* von den Affekten, wie im klassischen Drama von Sophokles bis Schiller und Bert Brecht. (...) Borcherts Stück steht in einer anderen, einer nichterhabenen Dramentradition – jener, die von Lessing über Büchner und Hauptmann bis zu Horváth und Kroetz führt. Es ist die Tradition der Mitleidspoetik (...), die nicht die kühle Reflexion verlangt, den marmornen Gedanken, die leuchtende Idee, sondern den Akt der Solidarität oder doch die aufgeschreckte Empfindung für die

---

[203] ebenda, S. 12

[204] Ulrich Schwarz: Beckmann, ein Jedermann von heute. Claus Leiningers „Draußen vor der Tür", in: Ruhr-Nachrichten, 26.2.1968, zitiert nach: Balzer, S. 59

Verletzung jener Menschenwürde, die wir alle für uns beanspruchen.[205]

Elm wendet die Relevanz des Stücks wie gezeigt ins Grundsätzliche, über die Kriegs- und Heimkehrerthematik hinaus: „In die realistischen Szenen um den im Hamburg herumirrenden Sibirienheimkehrer Beckmann ist noch ein weiteres Drama eingeflochten. Es weitet den Blick über den historischen Ort hinaus auf die *existentielle* Situation des Menschen überhaupt."[206]

## IV.2. Grundsätzliche Aspekte des Dramas und deren überzeitliche Aktualität

### IV.2.1. *Draußen vor der Tür* zwischen Expressionismus und Existentialismus

„Beckmann geht am Ende nicht in die Elbe. Er schreit nach Antwort! Er fragt nach Gott! Er fragt nach Liebe! Er fragt nach dem Nebenmann! *Er fragt nach dem Sinn des Lebens auf dieser Welt!* Und bekommt keine Antwort. Es gibt keine. Das Leben selbst ist die Antwort. Oder wissen sie eine?"[207]

Diese Äußerung Borcherts zu seinem Stück *Draußen vor der Tür* legitimiert ein Stückverständnis, das über Autorbiographie und Zeitstück entscheidend hinausgeht. Da eine solche Herangehensweise an *Draußen vor der Tür* wie gezeigt nicht der vorherrschenden Rezeptionstendenz entspricht, verwundert es nicht, daß Balzer diese Aussage in seine grundlegende These einbezieht: „In der Tat werden vor der allgemeinen Frage

---

[205] Elm, in: Burgess/Winter (Hrsg.), S. 276
Vgl. zum nicht-karthatischen Aufbau des Dramas auch Abschnitt II.2.1. (S. 33)
[206] Elm, in: Burgess/Winter (Hrsg.), S. 276 f. (kursive Hervorhebung von mir)
[207] Borchert: Brief an Max Grantz vom 27.2.1947, in: Walter Höllerer u. a. (Hrsg.): Akzente: Zeitschrift für Dichtung, Hanser Verlag, München, 1955, S. 118 (kursive Hervorhebungen von mir)

nach dem ‚Sinn des Lebens auf dieser Welt' die speziellen Probleme geschichtlicher Realität und Stimmigkeit zweitrangig und *Draußen vor der Tür* gewinnt an innerer Logik."[208]

Ähnliches findet sich bei Rühmkorf, der dem Drama bescheinigt: „*Draußen vor der Tür* ist ein sogenanntes Zeit- und Gegenwartsstück, und es handelt von den Problemen und Einordnungsschwierigkeiten eines Heimkehrers aus dem Jahre 1947 – aber seine Tendenz ist gerade: Heraus aus der Zeit, heraus aus der Gegenwart."[209]

Wie sich diese Tendenz äußert, wird im folgenden herauszuarbeiten sein, das obige Borchert-Zitat liefert hierzu erste Hinweise:

Zentrale Begriffe der zehn Sätze sind *Schrei*, *Frage* und *Leben*. Diese Begriffe verweisen auf zwei der wirkungsstärksten geistigen Strömungen des zwanzigsten Jahrhunderts: Expressionismus und Existentialismus.

Der expressionistische *Schrei* (auf den das Drama - wohl ob seiner Offensichtlichkeit - häufig auch verkürzt wird), ist gerichtet auf Humanität; als Forderung nach ihr wie als Klage über ihre Gefährdung oder Verletzung. *Draußen vor der Tür* steht in dieser Tradition, E. Tollers *Der deutsche Hinkemann*[210] ist ein frappantes Beispiel dafür:[211] Auch in diesem Drama ist der Protagonist ein Kriegsheimkehrer mit verletztem Bein, der auf sich selbst zurückgeworfen keinen Rückweg in die Gesellschaft findet.

---

[208] Balzer, S. 39

[209] Rühmkorf, S. 146

[210] Ernst Toller: Der deutsche Hinkemann, Potsdam, 1923, seitdem unter dem Titel: Hinkemann, erstmals: Potsdam, 1924

[211] Vgl. hierzu Balzer, S. 17: „Durchaus im Bewußtsein war (...) die zurückliegende Tradition der Bearbeitung dieses Stoffes *(gemeint ist die Heimkehrerthematik, Anm. d. Verf.)*, (...) besonders die expressionistischen Exempel. Der Hinweis auf Tollers *Hinkemann* fehlt denn auch selten:"

Anregung findet der literarische Expressionismus bei G. Büchners *Woyzceck*[212],[213] über den sich auch *Draußen vor der Tür* unter anderem erschließen läßt:

> Büchner steht draußen, zwischen zwei Zeiten, zwischen ungleichen Kulturen, zwischen verschiedenen Gesellschaftsauffassungen. Deshalb wird sein Schrei harmonisch. Denn nur ein Schrei kann solchen Verhältnissen einen wahren Ausdruck geben. Der Schrei klingt im Bild seiner Zeit richtig. (...) Aber von diesem Gesichtspunkt aus betrachtet verstehen wir auch den Schrei, die großen Leidenschaften des Expressionismus - und die des jungen Borcherts.[214]

Im Begriff der *Frage* korrespondieren die beiden Geistesströmungen:

Balzer zeigt die expressionistische Dimension des Fragens anhand Tollers Hinkemann: „Hinkemann bleibt zurück mit Fragen: ‚Immer werden Menschen stehen in ihrer Zeit wie ich. Warum trifft es mich, gerade mich? ... Wahllos trifft es. Den trifft es und den trifft es. Den trifft es nicht und den trifft es nicht ... Was wissen wir? ... Woher? ... Wohin? ...'"[215]

Wiederum ist es der Rückgriff auf Büchner, der das Expressionistische an Borcherts Drama erhellen hilft: „Borcherts Werk ist eine einzige Frage, unwiederholbar und sprachmächtig gestellt, darin liegt sein geistiger Wert. Mit Büchner zusammen sitzt er im Abgrund des Determinismus, schauer-

---

[212] Georg Büchner: Woyzceck, herausgegeben von Georg Witkowski, Leipzig, 1920

[213] Gullvag führt die Traditionslinie noch weiter zurück, bis zur Epoche des Sturm und Drang: „Der Schrei nach Menschlichkeit hat durch mehr als zwei Jahrhunderte von den großen deutschen Bühnen getönt, ein Schrei nach Leben, nach Menschenwürde. Dieser Schrei heißt um 1770 Sturm und Drang, um 1830 hören wir ihn aus ‚Woyzceck' tönen. Um 1920 schreien der junge Toller, der junge Georg Kayser, Leonhard Frank, Franz Werfel, der junge Bert Brecht ihn heraus. Um 1946 dann Wolfgang Borchert." (Gullvag, S. 59)

[214] Gullvag, S. 59 f.

[215] Balzer, S. 17

lich klingt die Frage herauf, nicht zu überhören; der ‚Woyzceck' ist zu Ende gedichtet, es gibt keine Steigerung mehr."[216]

Dem emotionalen Tenor des Zitats liegt die Wirksamkeit des autorbiographisch bedingten ‚Borchert-Mythos'[217] zugrunde, der Begriff der Frage indes bleibt auch bei sich von der autobiographischen Analyse absetzenden Untersuchungen wichtig: „Borchert läßt seinen Beckmann aus der Gefangenschaft kommen (...), und seine einfache Frage heißt: Was nun? Was, wenn da wirklich einer belehrt zurückkommt, mit dem ehrlichen Wunsch, die gemachten Fehler nicht zu wiederholen?"[218]

Schröder insistiert anschließend auf die Differenz zwischen Borchert und Beckmann, der expressionistische Pathos der Dramenfigur ist ein vorsätzlicher: „Bei aller Leidenschaft - Borchert fragt mit dem nüchternen Blick auf die Gefahren des Scheiterns."[219]

Dieses an Beckmann exemplarisch vorgeführte Scheitern, bis hin zur Verwerfung des Todes als letzter Lösung, führt zur existentialistischen beziehungsweise lebensphilosophischen[220] Konnotation des Begriffes der Frage: Radikales Fragen wird zur Existenzfrage schlechthin, auch auf die Gefahr hin, keine Antwort zu erhalten. Gullvag führt diesbezüglich aus:

> Die Einsamkeit, die Isolation, in die der Mensch von heute mehr und mehr hinausgedrängt wird, ist für Borchert eine Frage, die er stellen muß. Er findet keine Hilfe in der Religion oder in einem wirklichkeitsfremden Idealismus. Aber trotzdem ist ihm klar, daß

---

[216] Alfred Andersch, in: Frankfurter Hefte, 1948, S. 929, zitiert nach: Balzer, S. 17
[217] Zum ‚Borchert-Mythos' und seinen Auswirkungen siehe Abschnitt III. (S. 38 ff.)
[218] Schröder, S. 289
[219] ebenda, S. 289
[220] Existentialismus/Existenzialismus und Lebens- bzw. Existenzphilosophie sind keinesfalls Synonyme, eine genaue Abgrenzung der Begriffe ist jedoch für diese Untersuchung nicht erforderlich (und ohnehin kaum allgemeingültig zu treffen).

> das Alles-Aufgeben, der Tod, keine Lösung ist. Einsam und verlassen muß man den Zusammenbruch aller Werte durchleben, dann kann man auch die Grundlage seiner *Existenz* finden.[221]

In dieselbe Richtung weist K. A. Horst: „Die Frage nach dem Wert des Lebens wurde in Borcherts Stück durch negative Antworten zu höchster Dringlichkeit gesteigert."[222]

Die menschliche Existenz, das menschliche *Leben* wird demnach in *Draußen vor der Tür* verhandelt, in Frage gestellt. Der ‚Sinn des Lebens auf dieser Welt', nach dem Beckmann Borchert zufolge fragt, ist auch das Erkenntnisinteresse der Existenzphilosophie. Diese philosophische Richtung steht in einer Wechselwirkung mit der Literatur[223]: „Es ist der Diskurs, den in den 40er, 50er Jahren die Literatur mit der Philosophie führt, mit der Existenzphilosophie."[224]

Als Grundlage dieses Diskurses läßt sich Elm folgend festhalten:

> Voraussetzung für die Existenzwerdung des Menschen bleibt nach Sartre (*Ist der Existentialismus ein Humanismus*, dt. 1947) dieser unbedingte Einsatz, das Engagement des einzelnen gegenüber den Möglichkeiten, die sich ihm bieten im Raum seiner Zeitlichkeit -

---

[221] Gullvag, S. 62 (kursive Hervorhebung von mir)

[222] Karl A. Horst: Die deutsche Literatur der Gegenwart, 1957, zitiert nach: Rühmkorf, S. 173

[223] Wie Kunst generell durch den ‚Zeitgeist' beeinflußt wird, hat J. Dewey herausgestellt: „The causes of change in literature are nonliterary: the causes of movements in art are non aesthetic. The surge of politics, of social, economic, industrial history – following philosophy as it spreads, and thins, to common sence (!), in the wake of pure science as it comes to be applied: the march of life takes its direction from causes diverse and often dimly seen, and always beyond exact description. Sometimes exultant in the van, sometimes earnest guardian in the rear, or bewildered or contended stray; sometimes beating against the oncoming force, more often one with the accepted flow – but always in immediate relation to life, and explicable in its current terms, art rears ist works. What sets its charakter (!) upon a period, determines its art." (John Dewey, in: Shipley: Trends in Literature, New York, 1949, S. 17, zitiert nach: Gullvag, S. 133)

[224] Elm, in: Burgess/Winter (Hrsg.), S. 269

Möglichkeiten, die er überhaupt erst als Existierender, als sich Entscheidender in den ‚Grenzsituationen' des Lebens (Tod, Schuld, Angst, Erfahrung des Nichts) wahrnimmt. Nur wer sich den Lebensentscheidungen stellt, existiert, lebt nicht bloß dahin.[225]

Beckmann Position in *Draußen vor der Tür* ist genau diese, er befindet sich in einer Extrem- oder Grenzsituation, sein Fragen und Handeln richtet sich auf eine Sinngebung, die sich im Laufe des Dramas zunehmend deutlicher als allein seine Aufgabe herausstellt. Durch die anthropologischen Repräsentanz der Figur Beckmann wird die Sinnsuche des Protagonisten beispielhaft, das Einzelschicksal zur Darstellung einer allgemein menschlichen, somit (lebens-)philosophischen Problematik: „Die Universalität im Stück finden wir in Beckmanns Suche nach dem Sinn – und sich selbst. Beckmann ist nämlich nicht nur der Heimkehrer. Er ist der vereinsamte, der isolierte Mensch – und der ‚unbehauste Mensch'."[226]

Nach dieser grundlegenden Darlegung der Anlässe, *Draußen vor der Tür* als Ausdruck sowohl expressionistischer als auch existialistischer Inhalte zu verstehen, folgen nun spezifische Ausführungen zum Verhältnis des Dramas zu den beiden Geistesrichtungen.

### IV.2.1.1. Das Expressionistische in *Draußen vor der Tür*

Den Einstieg in die Erörterung des expressionistischen Gehaltes des Dramas soll ein längeres Exzerpt aus Gullvags Untersuchung erleichtern, in dem dieser eine prägnante Herleitung und Kennzeichnung des (literarischen) Expressionismus leistet sowie einige Anknüpfungspunkte zu *Draußen vor der Tür* darstellt:

---

[225] ebenda, S. 270
[226] Gullvag, S. 68

Die Kunst des Naturalismus arbeitete mit dem Verhalten des einzelnen Menschen zu seinen Mitmenschen. Ihre sozialmaterialistische Tendenz war für sie besonders wichtig. Der Mensch als Geisteswesen wurde wenig beachtet. Der Impressionismus legte auf den einzelnen Menschen und seine innere Entwicklung, in Impressionen gesehen, besonderen Wert. Die sozialmaterialistischen Kräfte wurden zurückgedrängt und das Geistige hervorgehoben, und zwar hauptsächlich auf individueller Basis.

Der Expressionismus lernte von den beiden Richtungen. Er suchte in dem Schicksal des einzelnen Menschen einen künstlerischen Ausdruck der Menschheit als Ganzes zu gestalten. Das Individuum wurde dadurch Typus und bekam soziale Funktion.

(...) Der erste Weltkrieg forderte die Ideen des Expressionismus. Die lebendigen und toten Menschen und die Natur wurden zu einer großen Totalität. Aus dieser erwuchsen größeres Verstehen und tiefere Toleranz.

Wir haben schon die Wirkungen des zweiten Krieges erwähnt.[227] Die Totalität dieses Krieges zerstörte alles und erweckte eine letzte Verzweiflung.[228] Aber eben aus dieser letzten Verzweiflung steigt das neue Wissen hervor: Jetzt kommt man nicht mehr tiefer. Jetzt muß man wählen – und für die Wahl verantwortlich zeichnen. Wenn man einen Glauben sucht, muß man glauben wollen. Gott existiert nicht ohne den menschlichen Glauben.

Aus dieser Lebenshaltung ist der neue deutsche Expressionismus (...) hervorgewachsen. Dieser Expressionismus trägt die Züge des ersten Expressionismus, die einfache Sprache, Wegfall von Artikeln, Konjunktionen usw. – die vielen kurzen Sätze an der Stelle eines langen (...). Diese Expressivität schafft auch jetzt Lebendig-

---

[227] Vgl. hierzu: Gullvag: S. 57 f.

[228] Vgl. hierzu auch Theodor W. Adornos Ausführungen, wie von Burgess/Winter angeführt: „Sowenig der Krieg Kontinuität, Geschichte, das ‚epische' Element enthält, sondern gewissermaßen in jeder Phase von vorn anfängt, sowenig wird er ein stetiges und unbewußt aufbewahrtes Erinnerungsbild hinterlassen. Überall, mit jeder Explosion, hat er den Reizschutz durchbrochen, unter dem (...) Erfahrung sich bildet. Das Leben hat sich in eine zeitlose Folge von Schocks verwandelt, zwischen denen Löcher, paralysierte Zwischenräume klaffen." (Theodor W. Adorno: Minima Moralia, Suhrkamp Verlag, Frankfurt am Main, 1981, S. 63, zitiert nach: Burgess/Winter: Einleitung, in: Burgess/Winter (Hrsg.), S. 18)

keit. Aus der ‚epischen Ruhe' ist jetzt eine ‚epische Bewegung' geworden. Die Handlung eilt. Die Szenen wechseln und flimmern wie in einem Film.

Die Idealität des ersten Expressionismus lebt im neuen weiter. Es ist aber deutlich, daß das, was inzwischen geschehen ist, seine Spuren gesetzt hat. (...) Will man das Stück Borcherts mit einem der ‚Aufschreier' vergleichen, muß man weiter zurückgehen, zu dem schicksalsbestimmten ‚Woyzceck'. Erst da treffen wir einen Typus, der an Beckmann erinnern kann. Versteht man den Woyzceck, mit seinem Aufgeben, mit seiner Verzweiflung, dann versteht man auch die Idealität des neuen Expressionismus: Alles muß geräumt werden. Dann erst darf man bauen.

Bei einem solchen Aufräumen wird der Mensch einsam. Das Drama der menschlichen Einsamkeit, ja, der Vereinsamung und der Isolation, ist ja eben das Drama des Expressionismus. Deshalb darf man ‚Draußen vor der Tür' hier einreihen. Das, was Büchner anfing (...), ist für Borchert das zentrale Problem der Gegenwart.

Die Gelehrten dieser Welt können dieses Problem nicht lösen. Borchert auch nicht. (...)

‚Draußen vor der Tür' wird also Ausdruck einer Krise: Von hier aus Nichts – oder Ja sagen."[229]

*Draußen vor der Tür* ist demnach zugleich krass gestaltete Bestandsaufnahme und eindringliche Forderung.[230]

Im Protagonisten Beckmann und dessen Stationenweg zeichnet Borchert ein Menschen- und Weltbild[231], das sich auch in der Form des Dramas aus-

---

[229] Gullvag, S. 60 ff.

[230] Gullvag formuliert knapp: „Im Aufschrei bestätigt Borchert seinen Glauben an den Menschen. Wenn man nicht glaubt, hat ja der Schrei keinen Zweck." (Gullvag, S. 62)

[231] Balzer führt diesbezüglich aus: „‚Grundsituationen', wie die des von Frau und Nebenbuhler beiseitegeschobenen Ehemannes (durch Beckmann und den Einbeinigen hier gleich zweimal gestaltet), wie der Generationenkonflikt zwischen ‚den Jungen' und ‚den Alten', wie der Zusammenprall von lebenspraktischer Pragmatik und idealistischer Unbedingtheit, komponieren nicht nur in ihrer spezifischen Konkretion ein Zeit-, sondern darüber hinaus ein Weltbild." (Balzer, S. 39)

drückt. F. Martini folgend weist Gullvag auf grundlegende Tendenzen des modernen Theaters seit 1910 hin, denen auch *Draußen vor der Tür* folgt: „(...) das gegenwärtige Drama zeigt, wie wenig eindeutig die Situation des Menschen wurde, wie tief der Mensch bis ins Unbewußte hinein mit sich selbst in eine Spannung geraten ist, zum Doppelwesen wird, sich in das Vielfältige bricht, sich selbst entfremdet gegenübersteht bis zu einem Punkt, an dem er sein Ich verliert."[232]

Besondere Bedeutung kommt hierbei der Einschätzung des Todes zu:

> In der klassischen Tragödie (...) endet der Tod das Spiel. – Bei Borchert wird selbst der Tod als die noch ärmste Zuflucht verboten. (...) Wenn Beckmann am Schluß des Spiels am Boden liegt, allein in der Finsternis, in die er seine Qual hinausschreit, ohne eine Antwort, ohne ein Echo, dann bedeutet dies nicht: jetzt ist der Tod da, der erlöst. (...) dieser Mensch ist an dem gleichen Punkt wie am Anfang, nur noch hilfloser, noch verzweifelter. Er sinkt in ein Nichts – ohne Boden und Ziel. Der Schluß bleibt offen – in das Nichts hinein; wie in Becketts Spielen.[233]

*Draußen vor der Tür* widmet sich dem menschlichen Dasein in der Moderne und den Gefährdungen, denen dieses ausgesetzt ist, worunter der Krieg die größte, keinesfalls die einzige ist. Der Schrei, den die eindringlichen Kriegserlebnisse hervorrufen, beschränkt sich nicht auf diese, er zielt auf die Entwertung des Lebens überhaupt, auf die Fragwürdigkeit jeglicher Sinngebung.

Beckmann ist auf sich selbst zurückgeworfen, seine Leidenschaft für die Wahrheit, die sich wiederholt expressionistisch Bahn bricht, findet keinen Widerhall. „Die Vereinsamung ist auch in der Form verdeutlicht. Das Ge-

---

[232] Fritz Martini: Das Drama der Gegenwart, in: Deutsche Literatur in unserer Zeit, Göttingen, 1961, zitiert nach: Gullvag, S. 65
[233] Martini, zitiert nach: Gullvag, S. 65 f.

schehen im Stück ist ein inneres Geschehen. Die seelische Zuständlichkeit des Vereinzelten tritt an die Stelle der äußeren Handlung."[234]

Beckmanns Sicht des Lebens als Drama, wie er sie in der 5. Szene dem Anderen mitteilt, verdeutlicht die isolierte Position des Individuums in einer inhumanen Welt[235]:

> Das Leben ist so:
> 1. Akt:   Grauer Himmel. Es wird einem weh getan.
> 2. Akt:   Grauer Himmel. Man tut wieder weh.
> 3. Akt:   Es wird dunkel und es regnet.
> 4. Akt:   Es ist noch dunkler. Man sieht eine Tür.
> 5. Akt:   Es ist Nacht, tiefe Nacht, und die Tür ist zu. Man steht draußen. Draußen vor der Tür.[236]

Diese resignative ‚Programmatik' trägt nihilistische Züge, wie auch Martinis Ausführungen über den Tod in *Draußen vor der Tür*[237] durch den Begriff des ‚Nichts' in diese Richtung weisen. Tatsächlich hat Borchert selbst der Hörspielfassung des Dramas ein Motto vorangestellt, welches explizit auf den Nihilismus Bezug nimmt:

---

[234] Gullvag, S. 66

[235] Martini führt zur Isolation des Individuums in *Draußen vor der Tür* aus: „Dieser Monologismus, diese Selbstspiegelungen und Selbstentladungen, dies Gefangen-Sein der menschlichen Seele im Paradoxalen des Ichs deutet im Aussetzen der dialogischen Verständigung auf ein Aussetzen der mitmenschlichen Verbundenheit." (Martini, zitiert nach: Gullvag, S. 66)

[236] Borchert: Draußen vor der Tür, in: Gesamtwerk, S. 146

[237] Vgl. entsprechendes Zitat auf Seite 51

„Eine Injektion Nihilismus
bewirkt oft,
daß man aus lauter Angst
wieder Mut zum Leben bekommt."[238]

Hierbei handelt es sich um eine sehr spezielle Wendung des Begriffes, die den Nihilismus als Übergangsstadium fordert, die geläufige Konnotation fatalistischer Resignation wird konterkariert: „Nihilismus als Mittel seiner eigenen Überwindung - die Absicht ist deutlich, eindeutig (...)"[239]; außerdem wird diese These gestützt durch Borcherts programmatische Aussage in *Das ist unser Manifest*: „Unser Nein ist Protest. Und wir haben keine Ruhe beim Küssen, wir Nihilisten. Denn wir müssen in das Nichts hinein wieder ein Ja bauen. (...)"[240]

So erhält der expressionistische Schrei in *Draußen vor der Tür* eine originäre Bedeutung, aus dem pathetischen Ausdruck der Verzweiflung wird die eindringliche Mahnung zur Besinnung: „Unter solcher Prämisse liest sich das ‚dieses Leben ist weniger als nichts' Beckmanns nicht mehr als Bekenntnis Borcherts zum Nihilismus, sondern eher als nihilistisches Menetekel, als eine Aufforderung, dem Leben Sinn zu geben. Der ‚Schrei' nach Antwort am Schluß wäre die letzte Verstärkung dieser Aufforderung."[241]

---

[238] Von diesem Motto im Manuskript berichtet Ernst Schnabel, Chefdramaturg des Nordwestdeutschen Rundfunks Hamburg, in: Hamburger Akademische Rundschau, #9, 1947, S. 386, zitiert nach: Schröder, S. 21

[239] Balzer, S. 41

[240] Borchert: Das ist unser Manifest, in: Gesamtwerk, S.313
Balzer (S. 41) und Schröder (S. 21) verweisen auf diese Textstelle.

[241] Balzer, S. 41
Gegen die autobiographische Analyse gerichtet fährt Balzer fort: "Ein solches Verständnis setzt aber das Bewußtsein von der Differenz zwischen Beckmann und Borchert voraus." (Balzer, S. 41)

Auf dieselbe Problematik rekurrierend formuliert Gullvag: „Man muß durch das Nichts, um in der heutigen Welt eine Lebensgrundlage zu finden."[242]

Die Forderung nach einer Sinngebung in einem (spezifischen) nihilistischen Kontext rückt die existentiellen Elemente des Dramas in den Blickwinkel.[243]

### IV.2.1.2. Das Existentialistische in Draußen vor der Tür

Zur Erörterung des existentialistischen Gehaltes des Dramas ist es unerläßlich, zunächst eine Bestimmung der Begriffe Existentialismus und Existenzphilosohie im Rahmen dieser Arbeit vorzunehmen. Der folgende Abschnitt V.2.1.2.1. gibt einen Überblick über grundlegende Thesen verschiedener Existenzphilosophien, insbesondere jener M. Heideggers und J.- P. Sartres. Besonderes Augenmerk liegt bereits in diesen vorbereitenden Ausführungen auf dem Verhältnis zwischen philosophischem und literarischem beziehungsweise literaturtheoretischem Existentialismus.

### IV.2.1.2.1. Erläuterungen zu Existenzphilosophie und Existentialismus

B. Zimmermann weist in seiner Darstellung *Haupttendenzen der Literaturtheorie und -kritik*[244] auf die besondere Beziehung zwischen Philosophie

---

[242] Gullvag, S. 67

[243] Daß das nihilistische Element in Draußen vor der Tür einen geeigneten Ansatzpunkt existentieller Analyse bildet, zeigt sich unter anderem auch daran, daß der Protagonist des Nihilismus, Nietzsche, auch ein Inspirator des Existentialismus ist. Hierzu Wolfgang Janke: „Vor allem aber durchzieht die Umwertung des Lebens durch Nietzsche die Selbstfindung existenzialer Positionen. Keine der gegenwärtigen Philosophien hat es mit dem weltgeschichtlichen Ereignis des Nihilismus ernsthafter aufgenommen als die Existenzphilosophie.", in: Wolfgang Janke: Existenzphilosophie, Walter de Gruyter & Co., Berlin/New York, 1982 (Sammlung Göschen 2220), S. 6

und Literatur hin: „Philosophie und Literatur als jeweils eigengesetzliche Modi der Erkenntnis und Weltaneignung haben sich seit Beginn der Neuzeit oft in einem Verhältnis produktiven Dialogs befunden."[245]

Die Beispielhaftigkeit, die das Schaffen Sartres für diese These beanspruchen kann, hat zu einer Begriffsverengung geführt:

> Im 20. Jahrhundert ist die Vermittlung von Philosophie und literarischer Praxis wohl nirgends so ausgeprägt wie im Werk Jean Paul Sartres, das zeitweise als Prototyp des Existentialismus galt, so daß in Frankreich (...) zeitweise auch der Begriff ‚Sartrismus' als Synonym für Existentialismus verwendet wurde. Gegen diese allzu griffige Etikettierung des Existentialismus und seine Reduktion auf das literarische und philosophische Werk seines nach dem Zweiten Weltkrieg prominentesten Vertreters sprechen indes historische wie inhaltliche Gründe.[246]

Deshalb „(...) darf die Breitenwirkung des Existentialismus in den frühen fünfziger Jahren nicht davon ablenken, daß seine existenzphilosophischen Grundlagen wie auch einige der literarischen Hauptwerke des Existentialismus (...) bereits in der Zeit zwischen den beiden Weltkriegen und insbesondere in den frühen dreißiger Jahren entstanden."[247]

Die existenzphilosophischen Entwürfe lassen sich grob in zwei Richtungen ordnen, als deren jeweilige Hauptvertreter Heidegger und Sartre gelten. Zimmermann betont „(...) die geistige Spannweite der existenzphilosophischen Positionen (...), die von Martin Heideggers geschichtsloser ‚Wesen-

---

[244] Bernhard Zimmermann: Haupttendenzen der Literaturtheorie und -kritik, in: Erika Wischer (Hrsg.): Propyläen Geschichte der Literatur, Sonderausgabe, Verlag Ullstein GmbH, Frankfurt am Main und Propyläen Verlag, Berlin, 1981 – 1984, Band VI, S. 562 ff.

[245] ebenda, S. 564

[246] Zimmermann, in: Wischer (Hrsg.), S. 565

[247] ebenda, S. 565

wissenschaft' und seinem Hauptwerk *Sein und Zeit*[248] (1927) bis zu Sartres philosophischem Standardwerk *L'être et le Néant*[249] *(Das Sein und das Nichts)* von 1941 reicht (...)"[250].

Gemeinsam ist den unterschiedlichen existenzphilosophischen Entwürfen, daß sie sich auf einen Begriff vom Wesen des Menschlichen richten, einen spezifischen Humanitätsbegriff formulieren; „(...) sie zeichneten sich (...) durch Denkansätze aus, die jenseits aller Geschichte und jenseits des Objektivierbaren ein Absolutes, nicht mehr Ableitbares als das die menschliche Existenz bestimmende Prinzip aufsuchten."[251]

Weiterhin läßt sich als durchgehende Gemeinsamkeit der verschiedenen existenzphilosophischen Theorien vermerken, daß sie „(...) am Menschen zwei grundsätzlich entgegengesetzte Zustände, die Heidegger im Dualismus der beiden Seinsmodi der ‚Eigentlichkeit' und ‚Uneigentlichkeit' des menschlichen Daseins begrifflich zu fassen suchte (...)"[252] unterscheiden. Daraus leiten sich bestimmende Grundmotive her:

> Das lebenspraktische Dasein des Menschen wird als Zustand der Uneigentlichkeit und Verfallenheit aufgefaßt, der Zustand der Ei-

---

[248] Martin Heidegger: Sein und Zeit, in: Edmund Husserl (Hrsg.): Jahrbuch für Philosophie und phänomenologische Forschung Band VIII, 1927

[249] Jean-Paul Sartre: L'être et le Néant. Essai d'ontologie phénoménologique, Paris, 1943

[250] Zimmermann, in: Wischer (Hrsg.), S. 565

[251] ebenda, S. 566

Hierzu Janke: „Die Existenzphilosophie dringt auf Bescheide über Angst und Tod, Existenz und Sein, Gott und Nichts, welche die ‚spezifische', fundamentale Wirklichkeit des Menschen betreffen. (...) Die Existenzanalyse erklärt Welt und geschichtliche Situation als Weisen menschlichen In-der-Welt-Seins: die zerfallene Welt des Glaubens, die entfremdete Welt der Arbeit, die nihilistische Sphäre des Absurden, die Hölle der Mitwelt, den dinglosen Bestand des von der Technik herausgeforderten Universums." (Janke, S. 4 ff.)

[252] Zimmermann, in: Wischer (Hrsg.), S. 566

gentlichkeit und Existenz stelle sich nur in der totalen Abkehr von jenem ‚Dasein ohne Existenz' her, daß Karl Jaspers für den Zustand des modernen Menschen in der Massengesellschaft schlechthin hielt. Aus dem Dualismus von Wirklichkeit/Uneigentlichkeit und Existenz, die in reine Zustände aufgelöst sind, leitete sich die für die Existenzphilosophie typische tragisch-pessimistische existentielle Grunderfahrung ab. (...) Zur Bezeichnung ihrer Welterfahrung bedienten sich die Existenzphilosophen diverser Zustandsmetaphern, die die existentielle ‚Grundbefindlichkeit' zum Ausdruck bringen sollten: Die Begriffe ‚hoffnungslose Verlorenheit', ‚Ungeborgenheit', ‚Verfallenheit' und ‚Geworfenheit' sollten die ihrem Weltbild zugrundeliegende existentielle Erfahrung metaphorisch einkreisen. (...) Da die Sphäre der gesellschaftlichen Kommunikation den Stempel des Uneigentlichen trägt und von den Existenzphilosophen mit der totalen Entfremdung des modernen Massendaseins identifiziert wurde, konnte sich der Durchbruch zur Existenz nur in der Einsamkeit der Seele des einzelnen vollziehen, und diese Einsamkeit wurde als unaufhebbare Voraussetzung von Existenz begriffen und nicht als Mangel, sondern als positiv akzentuierte Qualität gesehen.[253]

Ausgehend von dieser gemeinsamen Basis[254] entwickeln sich in Deutschland und Frankreich mit ihren jeweiligen Protagonisten Heidegger und Sartre unterschiedliche existenzphilosophische Positionen, deren Differenzen insbesondere in den durch sie geprägten Kunst- und Literaturauffassungen hervortreten.

---

[253] ebenda, S. 566 f.

[254] Auf die historischen Entwicklungslinien der Existenz- bzw. Lebensphilosophie einzugehen, fehlt hier der Raum; die Arbeiten Sören Kierkegaards und Edmund Husserls sind neben jenen Nietzsches als wichtige Grundlagen zu nennen.
Zimmermann bemerkt zu Husserl: „Der prägende Einfluß der Phänomenologie Edmund Husserls wirkte jedoch in allen Spielarten der Existenzphilosophie weiter." (Zimmermann, in: Wischer (Hrsg.), S. 565)
Vgl. auch Janke zur Existenzphilosophie generell: „Von Anfang an beansprucht die thematische Zuwendung zur Existenz, die menschliche Psyche in ihrer Angst und Sorge, Langeweile und Zerstreuung, Unwahrhaftigkeit und Entschlossenheit, Faktizität und Freiheit ontologisch neu (also nicht vom Sein des Bewußtseins aus) aufgehellt zu haben." (Janke, S. 7)

Die Existenzphilosophie Heideggerscher Prägung samt ihren ästhetischen Implikationen ist gekennzeichnet durch die Betonung der Angst:

> In Analogie zur Einsamkeit gewann auch die Angst innerhalb der Existenzphilosophie eine zutiefst positive Prägung, denn aus eigener Willenskraft könne der einzelne die Erhebung zur Existenz nur schwerlich vollziehen. Die Angst erst verhelfe ihm zu diesem Zustand, indem sie den Menschen aus seiner Verfallenheit an die Leere des uneigentlichen Seins reiße und ihn mit der existentiellen Erfahrung seiner Ungeborgenheit konfrontiere (...). Die so definierte Erfahrung der Angst verschaffe sich in verschiedenen Ausdrucksformen und Stimmungslagen Durchbruch: Langeweile, Schwermut, Verzweiflung, Lebensekel wurden als Leistungen dieser Angst interpretiert und gewannen somit im Kontext der existenzphilosophischen Schau eine positive, weil auf den Durchbruch von Existenz bezogene Funktion. Heidegger faßte in diesem Zusammenhang die Angst als diejenige Grundbefindlichkeit auf, die vor das Nichts stelle. In ihr erfahre der Mensch die ‚Hineingehaltenheit des Daseins in das Nichts', und das Aushalten dieser Erfahrung wurde als höchste Leistung des Menschen begriffen, in der sich die Eigentlichkeit seiner Existenz verwirkliche. (...) Wie das Aushalten der Angst wurde auch das bewußte Akzeptieren des Fragwürdigen und der Möglichkeit des Scheiterns existenzphilosophisch als Zeichen einer neuen Größe und Härte im Verhältnis des Menschen zur Geschichte interpretiert.[255]

Aus dieser Ausprägung der Existenzphilosophie entwickelt sich ein ahistorisches Verständnis der Kunst, „(...) denn ihr Wesen als Ausdruck des Seienden und Absoluten sollte sich gerade in seiner totalen Geschichtsresistenz erweisen, also nicht zuletzt auch darin, daß sich in den großen Kunstwerken eine über die Jahrhunderte hinweg gleichbleibende, unüberschreitbare letzte Seinserfahrung speichern mußte, der große Kunst Ausdruck verlieh."[256]

---

[255] Zimmermann, in: Wischer (Hrsg.), S. 567
[256] ebenda, S. 568

Insbesondere für die Literatur bedeutet diese Auffassung eine Reduktion:

> Mit den Vokabeln ‚Existenzoffenbarung' und ‚Daseinserhellung' war der Erwartungsrahmen an das, was Kunst und Literatur zu leisten hatten, abgesteckt. Konstitutiv für die existenzphilosophisch ausgerichtete Literaturkritik war allerdings nicht nur, daß sie (...) die literarischen Texte aus allen entstehungsgeschichtlichen und innerliterarischen Traditionszusammenhängen riß. Zu den Eigenarten ihrer Auslegung von Texten gehörte es auch, daß die interpretatorischen Schlüsselbegriffe ‚Existenz' und ‚Sein' (...) eine tragisch-heroische Prägung erfuhren, die schon im irrationalistischen Geschichtsverständnis der Existenzphilosophie angelegt war.[257]

Historische Thematisierungen werden demzufolge nicht als solche gelesen, sondern zeitlos schicksalhaft gedeutet, als jeweilige Grundsituation menschlichen Daseins, „(...) in der sich existentielle Grunderfahrung offenbare."[258]

Demgegenüber kommt die französische Existenzphilosophie – zumeist als Existentialismus im engeren Sinne bezeichnet – zu einer anderen Literaturkonzeption.

„Von fundamentaler Bedeutung für Sartres Existenzphilosophie und für den französischen Existentialismus generell ist ein verabsolutierter Freiheitsbegriff, der den Menschen als den natürlichen Urheber von allem begriff, was ist."[259] Dieser Grundzug der Humanität ist von weitreichender Zweischneidigkeit: „Die Ambivalenz dieses Freiheitsbegriffs erweist sich schon in dessen philosophischer Ausarbeitung durch Sartre, die die positive

---

Vgl. auch ebenda, S. 569: „In seinem 1949 erschienenen Aufsatz *Der Ursprung des Kunstwerks* definierte Heidegger ‚das Sich-ins-Werk-Setzen der Wahrheit des Seienden' als das Wesen aller Kunst, der die Verfallenheit an Praxis und Geschichte wesensfremd sei."

[257] ebenda, S. 568

[258] Zimmermann, in: Wischer (Hrsg.), S. 568

[259] ebenda, S. 569

Bestimmung von Freiheit als Fähigkeit des Menschen , ‚sich selbst zu wählen', an die fatalistische Interpretation band, daß der Mensch zu ihr verdammt sei."[260]

Der Freiheit des Menschen stehen seine Lebensumstände gegenüber, in denen sich die Freiheit realisieren muß:

> Dieser existentialistische Freiheitsbegriff befindet sich in polarer Spannung zu seinem Gegenbegriff, dem Begriff der ‚Situation', der die Konnotate von Faktizität, materieller oder biologischer Determination hat. (...) Nicht das Wesen, verstanden als ein Ensemble bestimmter und für sein Menschsein konstitutiver Eigenschaften, gehe der Existenz, daß heißt seiner Gegenwart in der Welt, voraus, sondern die Existenz dem Wesen, das sich erst in der Situation durch die freie Entscheidung bilde.[261]

Demzufolge ist der „(...) Entwurf menschlicher Existenz in totaler Freiheit erst im Tod möglich. Diesem Zustand totaler Freiheit korrespondiert in Sartres existenzphilosophischer Konzeption auch der Begriff des ‚Nichts'. (...) Um sein Dasein *(Seinsweise des Menschen, Anm. d. Verf.)* zu verwirklichen, müsse der Mensch auch das Nichts schaffen, und indem er beides schafft, schaffe er sich selbst in jedem Augenblick aufs neue in freier Wahl"[262].

Sartres Existentialismus ist „(...) eine Philosophie des einsamen Individuums (...)"[263], dem einzelnen Menschen kommt totale Verantwortung für sein je eigenes Dasein zu.

> Wenngleich die Verwirklichung des Daseins als freie Entscheidung des einzelnen Individuums aufgefaßt wird, so ist indes das Individuum in seiner Vereinzelung nicht frei von den Erwartungen, For-

---

[260] Zimmermann, in: Wischer (Hrsg.), S. 569
[261] ebenda, S. 569
[262] ebenda, S. 569 f.
[263] ebenda, S. 570

derungen, Wünschen der anderen Ich, und die Existenz des anderen wird keineswegs als Möglichkeit von Kommunikation, Brüderlichkeit, Humanität erfahren, sondern als die unaufhebbare Objektwerdung, Entfremdung und Erstarrung der Individuen in Herr-Knecht-Beziehungen.[264]

Basierend auf dieser grundlegenden Darstellung existenzphilosophischer Hauptströmungen ist es nun möglich, *Draußen vor der Tür* auf diese Strömungen zu beziehen, wobei der literarische Existentialismus Sartres den Hauptanknüpfungspunkt darstellt.

### IV.2.1.2.2. Existentialistische Aspekte des Dramas

Borcherts Werke sind wie diejenigen seiner literarischen Zeitgenossen wiederholt existentialistisch gedeutet worden:

> Von Hans Erich Nossacks Roman *Nekyia* (1947), den Sartre in Frankreich bekannt macht, über Gottfried Benns Nietzsche-Reminiszenzen der *Statischen Gedichte* (1948) und den Kierkegaard-Bezügen in Max Frischs *Stiller* (1954) bis zu Siegfried Lenz' Sartre-Anspielung (*Huis clos*) in *Zeit der Schuldlosen* (1961) bildet das Interesse an der Zeitgeschichte als Existenzerfahrung jenen großen Mainstream, der damals die unterschiedlichsten Autoren miteinander verbindet.[265]

Die spezifische Qualität der Borchertschen Arbeiten liegt Elm zufolge in einer existentialistischen Ausrichtung, die sich nicht – wie beispielsweise beim ‚Dichterphilosophen' Sartre[266] – auf literarische Ausformung philo-

---

[264] Zimmermann, in: Wischer (Hrsg.), S. 570

[265] Elm, in: Burgess/Winter (Hrsg.), S. 269

[266] Sartres Drama *Huis clos* kann als Prototyp derartiger Literatur gelten: „Ihre wohl eindrucksvollste literarische Gestaltung hat diese existentialistische Deutung zwischenmenschlicher Beziehungen oder zwischenmenschlicher Beziehungslosigkeit in Sartres Drama *Huis clos (Bei geschlossenen Türen* oder *Geschlossene Gesellschaft)* von 1945 gefunden, das in dem Satz kulminiert: ‚Die Hölle - das sind die Anderen'." (Zimmermann, in: Wischer (Hrsg.), S. 570)

sophischer Aussagen beschränkt: „Daß die Literatur mit ihrem Hang zur Existenzphilosophie keineswegs die Existenzphilosophie verdoppelt, sondern ihr einen ganz eigenen Entwurf des menschlichen Daseins entgegenhält, das läßt sich exemplarisch an Borchert zeigen."[267]

Auch Köpke betont diese Dimension des Dramas, wenn er formuliert, „(...) es ergeben sich überraschende Parallelen zwischen der Lage des Menschen nach Auffassung der existentialistischen Philosophie und der Lage des Heimkehrers Beckmann."[268]

Diese Parallelen sind aufzuweisen. Elm stellt den inhaltlichen Bezug Borcherts zur Existenzphilosophie namentlich über Kierkegaard und Nietzsche sowie Camus und Sartre her:

> Indem Nietzsche den ideellen Fluchtpunkt allen Seins offenläßt, radikalisiert er den Angriff auf jene Sinn- und Systemphilosophie, den Jahrzehnte vor ihm (...) Kierkegaard unternahm. Gerade deshalb aber eröffnet sich beiden der Blick für das ebenso konkrete wie zufällige Sein alles Einzelnen und Besonderen, das von der idealistischen Philosophie mißachtet wird, interessiert allein an der Essentia, an ewiger Wesenhaftigkeit, und nicht an der Existentia, dem ‚Hinausstehen' daraus, dorthin, wo die Kreatürlichkeit des Menschen beginnt, sein Wissen um den Tod, seine Angst, seine Erfahrung der Zeitlichkeit und seine Entscheidungsfreiheit in einer als sinnlos erkannten Welt. (...) Nur in der eigenen Existenz findet der einzelne jetzt noch einen letzten Halt, er ist gleichsam der Sisyphos[269], der wie Camus deutet, Würde und Selbst-Bewußtsein daraus gewinnt, daß er die Sinnlosigkeit seines Lebens bewußt erträgt (...).

---

[267] Elm, in: Burgess/Winter (Hrsg.), S. 269

[268] Köpke, in: Wolff (Hrsg.), S. 84; Auch D. F. Nelson konstatiert die „Gegenwart existentialistischer Themen in Borcherts Werk" (Donald F. Nelson: to live or not to live. Notes on archetypes and the absurd in Borchert's „Draußen vor der Tür", in: German Quartely, #48, 1975 S. 434 – 354, zitiert nach: Balzer, S. 40).

[269] Vgl. hierzu Balzer, S. 40 [Borcherts *Schischyphusch* (Borchert: Gesamtwerk, S. 285 ff.) als assoziativer Bezug zu Camus' Sisyphos-Deutung]

> Voraussetzung für die Existenzwerdung des Menschen bleibt nach Sartre (...) dieser unbedingte Einsatz, das Engagement des einzelnen gegenüber den Möglichkeiten, die sich ihm bieten im Raum seiner Zeitlichkeit - Möglichkeiten, die er überhaupt erst als Existierender, als sich Entscheidender in den ‚Grenzsituationen' des Lebens (Tod, Schuld, Angst, Erfahrung des Nichts) wahrnimmt.(...)
>
> Blickt man von hier auf Borcherts Werk, wird seine Nähe zur Existenzphilosophie bewußt - und seine Ferne ebenso.[270]

In diesen gerafften Ausführungen Elms sind relevante Begriffe aus *Draußen vor der Tür* genannt, die auch in Existenzphilosophie und Existentialismus zentral sind: Tod, Angst, Entscheidungsfreiheit, Sinnlosigkeit, Leben, Nichts. Die von Elm konstatierte Ambivalenz des Borchertschen Verhältnisses zur Existenzphilosophie wird sich im Fortgang der Erörterung bestätigen.

Um die Beziehung von *Draußen vor der Tür* zum Existentialismus konkret deutlich zu machen, eignet sich insbesondere der Vergleich mit Sartres *Geschlossene Gesellschaft*[271] *(Huis clos)*. In der komparativen Analyse zweier zeitgenössischer Dramen lassen sich gleich- wie zuwiderlaufende Tendenzen markant herausstellen.

Zimmermann faßt in seiner Darstellung des literarischen Existentialismus den Grundgehalt des Dramas *Geschlossene Gesellschaft* wie folgt zusammen:

> Wenn Existenz dem Dasein vorausgeht und der Mensch dazu verdammt ist, sein Dasein in freier Wahl zu definieren, so liegt alle Verantwortung für das, was er ist, in ihm selbst. Und da der Akt der Entscheidung wie der Akt des Handelns immer nur als individueller

---

[270] Elm, in: Burgess /Winter (Hrsg.), S. 269 f.

[271] Sartre: Geschlossene Gesellschaft (Übersetzung v. T. König), in: Gesamtwerk in Einzelausgaben. Theaterstücke 3, Rowolth Verlag, Reinbek bei Hamburg, 1986 [zuvor: Sartre: Bei geschlossenen Türen (Übersetzung von H. Kahn), Stuttgart/Hamburg/Baden-Baden, 1949]

gedacht ist, muß der Mensch diese totale Verantwortung für sein Dasein akzeptieren. Wenngleich die Verwirklichung des Daseins als freie Entscheidung des einzelnen Individuums aufgefaßt wird, so ist indes das Individuum in seiner Vereinzelung nicht frei von den Erwartungen, Forderungen, Wünschen der anderen Ich und die Existenz des anderen wird keineswegs als Möglichkeit von Kommunikation, Brüderlichkeit, Humanität erfahren, sondern als die unaufhebbare Objektwerdung, Entfremdung, und Erstarrung der Individuen in Herr-Knecht-Beziehungen."[272]

Aus ‚II.1. Ausführungen zu wichtigen Figuren'[273] läßt sich entnehmen, wie die Beziehungen Beckmanns zu seinen Mitmenschen mit obiger Diagnose korrespondieren: „Die Figuren, zu denen Beckmann in Beziehung tritt, haben alle das eine gemeinsam, daß sie ihm nicht nur nicht zu helfen vermögen, sondern – ohne es zu beabsichtigen – noch tiefer in die Verzweiflung stürzen."[274]

Diese Aussage entspricht dem Sartreschen „(...) Konzept von Intersubjektivität, für die das vorgängige Scheitern eines vermittelnden Diskurses zwischen dem Einen und dem Anderen Bedingung der Möglichkeit ist."[275]

Dem jeweiligen Subjekt „(...) verrät (...) der Blick des Anderen, daß es im Bewußtsein des Anderen als Gegenstand, als undurchdringliches ‚An-sich' existiert."[276] Im ersten Dialog zwischen Beckmann und dem Anderen[277]

---

[272] Zimmermann, in: Wischer (Hrsg.), S. 570

Zimmermanns Fazit der in *Geschlossene Gesellschaft* dramatisierten Thesen in Bezug auf Sartes Philosophie insgesamt lautet: „Insofern bildeten die verabsolutierten Begriffe der Freiheit und totalen Verantwortlichkeit nicht unbedingt den Gegenpol zur Rechtfertigungslosigkeit und Absurdität der Existenz, sondern eher deren Komplementäraspekte." (Zimmermann, in: Wischer (Hrsg.), S. 570)

[273] S. 14 ff.

[274] Migner: „Draußen vor der Tür", in: Interpretationen zu W. Borchert, S. 38

[275] V.R.–R.E.Z.: L'être et le néant. Essai d'ontologie phenoménologique, in: Walter Jens (Hrsg.): Kindlers Neues Literaturlexikon (Studienausgabe), Kindler Verlag GmbH, München 1988, Band 14, S. 790

[276] ebenda, S. 789 f.

drückt ersterer exakt diesen Sachverhalt aus: „Beckmann – sagte meine Frau zu mir. Einfach nur Beckmann. (...) Beckmann sagte sie, wie man zu einem Tisch Tisch sagt. Möbelstück Beckmann. Stell es weg. Das Möbelstück Beckmann."[278]

Die existentialistischen beziehungsweise existenzphilosophischen Aspekte von *Draußen vor der Tür* lassen sich jedoch nicht nur anhand einzelner Textstellen aufweisen, wie K. S. Weimars ergiebiger Vergleich der beiden Dramen[279] gezeigt hat. Weimar beginnt seine Ausführungen mit der Feststellung einer grundlegenden Parallele: Sowohl Beckmann als auch die drei Figuren in *Geschlossene Gesellschaft* leiden an ihrer intersubjektiven Position, ihrer Einsamkeit, ihre Bemühungen (und ihr Scheitern) richten sich auf zwischenmenschliche Beziehungen. Die identische Grundausrichtung beider Dramen belegen auch die beiden Originaltitel: „The closed door of the original titles, *Draußen vor der Tür* and *Huis clos*, is an unmistakable symbol of isolation and loneliness."[280]

Die jeweilige Gestaltung ist gegensätzlich angelegt: „Bochert's man, Corporal Beckmann, remains always outside society. Sartre's trio is forever sealed within the walls of society."[281]

---

[277] Borchert: Draußen vor der Tür, in: Gesamtwerk, S. 108 ff.
[278] ebenda, S. 109
[279] Karl S. Weimar: No entry, no exit. A study of Borchert with some notes on Sartre, in: Modern Language Quarterly, #17, Duke University Press, Washington, 1956, S. 153 ff.
[280] ebenda, S. 153
   Balzers diesbezügliche These, „(...) eine Beziehung wird auch *nur* konstruierbar sprachlich-assoziativ durch die ähnlich lautenden Titel (...)" [Balzer, S. 40 (kursive Hervorhebung von mir)] ist vorgreifend zu widersprechen; der Fortgang der Untersuchung Weimars ist durchaus schlüssig und evident.
[281] ebenda, S. 153

Die Versuche Beckmanns und Garcins (die zentrale Figur in *Geschlossene Gesellschaft*) zu einer sinnvollen und entlastenden Position gegenüber ihren Mitmenschen zu finden, wiederum entsprechen einander, „(...) the goal in each case is what is described in existential philosophy as *authentic existence*."[282]

Für Beckmanns Konfrontationen mit der Gesellschaft bedeutet dies, wie Balzer erläutert: „Die Stationen seines Weges werden gedeutet als Versuche, sich das Da-Sein in der Auseinandersetzung mit den anderen zuallererst zu erschließen (...)."[283]

In der Auseinandersetzung mit den Mitmenschen kommt der Frage nach der Verantwortlichkeit des Einzelnen für die Konsequenzen seines Tuns wie gezeigt[284] zentrale Bedeutung zu. Die Erfahrung Beckmanns, daß der Mensch sich dem Kreislauf von Täter- und Opferdasein nicht entziehen kann, ist eine der zentralen Thesen des Stücks.[285] Der Ausgang von einem mit Schuld verknüpften Menschenbild entspricht auch einer existentialistischen Grundannahme und ist in *Geschlossene Gesellschaft* ebenfalls evident, wie auch Weimar hervorhebt: „Both writers accept man's existential guilt."[286]

---

[282] Weimar, in: Modern Language Quarterly, # 17, S. 153 (kursive Hervorhebung von mir)
Heideggers Konzept der ‚authentic existence' stellt Weimar wie folgt dar: „Authentic existence is to realize the truth about the proximity of Being and to live in the neighborhood of Being , to come home to Being."

[283] Balzer, S. 40

[284] Vgl. II., S. 14 ff.

[285] Vgl. beispielsweise K. Korn 1967 in der FAZ: „Borchert's einziges Drama ist ein reifes Werk, weil Schuld nicht abgewälzt, sondern als Conditio humana erkannt wird." (Karl Korn, in: Frankfurter Allgemeine Zeitung, 21.11.1967, zitiert nach: Balzer, s. 51)

[286] Weimar, in: Modern Language Quarterly, #17, S. 154

Die Isolation der Protagonisten ist eine weitere Gemeinsamkeit; Beckmanns signifikant ‚a-soziale' Position formuliert Weimar analog zu jener der Figuren in Sartres Drama in existenzphilosophischer Diktion folgendermaßen: „In both plays the characters are stranded in unrelieved solitude, for they fail to reach the ‚being' (existentially expressed, the ‚Mitsein') in their fellow human beings."[287]

Die beiden Dramen unterscheiden sich hinsichtlich der Gottesvorstellung. Sartres Existentialismus ist konsequent atheistisch, in *Geschlossene Gesellschaft* dementsprechend kein Gott vorhanden (und keiner notwendig). Die Gottesfigur in *Draußen vor der Tür* verweist gerade auch auf die Probleme einer atheistischen Position:

> Nietzsches Gott ist getötet worden. Beckmanns Gott ist ‚der Gott, an den keiner mehr glaubt'. Er ist tot, aber er wird lebendig erwünscht: ‚Sei lebendig, sei mit uns lebendig, nachts, wenn es kalt ist, einsam und wenn der Magen knurrt in der Stille – dann sei it uns lebendig, Gott.' Es ist auch Beckmann klar geworden, welche Konsequenzen das Fehlen des Gottesbildes hat: ',Wir fürchten dich nicht mehr. Wir lieben nicht mehr. – Deine Stimme ist leise geworden, zu leise für den Donner unserer Zeit. Wir können dich nicht mehr hören.'[288]

„Common to both writers is the experience of confronting the void, of the silent absence of a Divine Being."[289], so formuliert Weimar die grundlegende Gemeinsamkeit, auf der sich bezüglich Gottes unterschiedliche Konzeptionen entwickeln. Die Position, die *Draußen vor der Tür* zu entnehmen ist, schließt eher an Heidegger an, als Sartres Existentialismus zu reflektieren: „Into this void, Sartre has elevated man and considers this aspect of his

---

[287] ebenda, S.154
[288] Gullvag, S. 69 (innere Zitate: Borchert, Draußen vor der Tür, in: Gesamtwerk, zitiert nach Gullvag)
[289] Weimar, in: Modern Language Quarterly, S. 154 f.

*Weltanschauung* humanistic. Borchert, on the other hand, may have been leading toward an ontocentric view, in the spirit of Heidegger. (...) Borchert's position, as projected in Beckmann and in his last words, raises unanswered questions more in the spirit of the closing lines of *Sein und Zeit*."[290]

Dieses fragende Suchen Beckmanns verweist auf den Unterschied zu Sartres Position: „Der existentialistische Humanismus oder der humanistische Existentialismus (...) Sartres ist atheistisch. Beckmanns Existentialismus sucht das Leben, sucht das Gute, sucht Gott."[291]

Diese Affinität zur Existenzphilosophie Heideggers ist nicht auf die Gottesvorstellung beschränkt, sie ist - die grundlegende Thematik existentialistischer Anschauungen betreffend - auch in Bezug auf den Menschen vorhanden.[292] Beckmann verzweifelt nicht an der Welt schlechthin; es ist der Zustand der Welt, wie ihn der Mensch herbeigeführt hat, auf den sich Beckmanns Lamento richtet und wofür er Verantwortung reklamiert. Bei Weimar heißt es hierzu: „He recognizes, (...) that the world is part of man's fundamental state of being, that it exists as much as he exists, and that he must establish the relationship."[293] Dieser Ausgang vom Menschen, der sich die Welt ‚erschließen' muß, ist konstitutiv für Heideggers Philosophie:

---

[290] ebenda, S. 155

Vgl. hierzu auch Gullvag, S. 70

[291] Gullvag, S. 70

[292] Vgl. auch diesbezüglich Weimar: „Beckmann's final indeterminate position with respect to the ultimate questions parallels Heidegger's speculations in the closing paragraph of his incomplete work *(gemeint ist Sein und Zeit; Anm. d. Verf.)* when he raises the question: can the study of human existence serve as an approach to the understanding of Being as such?" (Weimar, S. 160)

[293] Weimar, S. 155

„These *(gemeint sind die Ausführungen des letzten Zitats; Anm. d. Verf.)* are basic aspects of Heidegger's concept of *Erschlossenheit*."[294]

In der Beurteilung des Todes für das menschliche Dasein steht *Draußen vor der Tür* eher Sartre denn Heidegger nahe: Weimar fragt bezüglich des Angebots der Elbe, Beckmanns Todeswunsch später, nach weiteren Erfahrungen neu zu überdenken: „(...) but what happens, when Beckmann's heart is eventually bent low? Why doesn't he return at the end of the play to petition death again?"[295]

Heideggers Konzeption folgend, stellt der Tod die Möglichkeit dar, höchstmögliche Authentizität zu erreichen; Borchert folgt dieser Auffassung in seinem Drama nicht. Beckmann sagt in seinem Schlußmonolog: „Und die Menschen gehen an dem Tod vorbei, achtlos, resigniert, blasiert, angeekelt, und gleichgültig, gleichgültig, so gleichgültig! Und der Tote fühlt tief in seinen Traum hinein, daß sein Tod gleich war wie sein Leben: sinnlos, unbedeutend, grau."[296]

Die Teilhabe am gesellschaftlichen Leben hat einen zu hohen Stellenwert für Beckmann, als daß die Flucht in den Tod eine sinnvolle Alternative sein könnte: „Vom regressiven Grund der existenzphilosophischen Seinslehre, Abkehr von Gesellschaft und Geschichte, will Borchert nichts wissen."[297]

---

[294] ebenda, S. 155

Ergänzend Balzer: „Daß die Elbe Beckmann auf den Strand von Blankenese *werfen* läßt, gerät dann mit der existentialistischen Kategorie des ‚Geworfenseins' in Zusammenhang, und ‚Der Andere' wird zum Gewissen, das bei Heidegger Indiz ist für die Möglichkeit eigentlichen Seins." (Balzer, S. 40)

[295] Weimar, in: Modern Language Quarterly, #17, S. 156

[296] Borchert: Draußen vor der Tür, in: Gesamtwerk, S. 164

[297] Elm, in: Burgess/Winter (Hrsg.), S. 271

Hierzu Weimar: „And in this respect, Borchert and Sartre seem to deviate strikingly from Heidegger, who conveives death as the last and most authentic possibility of that which is existentially impossible."[298]

Trotz der unterschiedlichen Bewertung des Todes gibt es maßgebliche Parallelen zwischen Borcherts Drama und Heideggers Philosophie:

„Heidegger undertakes a reexamination of the meaning of Being (das Sein), and he approaches his task by analyzing human existence (das Dasein). One basic part of the existential structure of man he characterizes as the possibility of being or not being *one's own self*, that is, the possibility of existing authentically or inauthentically."[299]

Dies läßt sich auf Beckmann anwenden, der massiv danach verlangt, sich selbst zu realisieren, nicht beschränkt zu bleiben auf seine Opferrolle, darauf, ‚einer von denen' zu sein. Er schreit heraus: „Ich will nicht mehr Beckmann sein!"[300] „Certainly the deeper significance of this outcry is that he no longer wants to be one of the many, one of the legion of returning soldiers, one of the multitude of corporals who had to send their fellow soldiers into death or permanent disability. It signifies his wish, conscious or unconscious, to be a human being, a differentiated, individualized being – in a word to be *his own self*."[301]

Auch hinsichtlich der Problematik menschlicher Schuld und Verantwortung steht *Draußen vor der Tür* Heideggers Reflexionen nahe. Ein zentraler

---

[298] Weimar, in: Modern Language Quarterly, #17, S. 156
[299] ebenda, S. 159 (kursive Hervorhebung von mir)
[300] Borchert: Draußen vor der Tür, in: Gesamtwerk, S. 117
[301] Weimar, in: Modern Language Quarterly, #17, S. 160 (kursive Hervorhebung von mir)

Begriff bei Heidegger ist das *Gewissen*, welches dem Menschen die Möglichkeit authentischer Individualität vorhält: „This voice *(der ‚Ruf des Gewissens', Anm. d. Verf.)* calls man back from his absorption in the general public, the anonymous and inauthentic self *(das Man)*, back to his true foundation and at the same time forward to the realization of his authentic possibility."[302]

Darüber hinaus jedoch erfüllt das Gewissen bei Heidegger eine weitere Funktion: Indem dem Menschen deutlich wird, wie inauthentisch sein Dasein ist, entsteht ein Schuldbewußtsein zweifacher Ausprägung: „Furthermore, it makes him understand his guilt, which consists of a basic twofold negativity."[303]

Zunächst ist der Mensch in die Welt *geworfen*, insofern ohne Kontrolle über die Grundlagen seines Daseins. Hinzu kommt der im Lebensvollzug geschehende *Entwurf* seiner selbst, der durch die Auswahl bestimmter Möglichkeiten immer den Verzicht auf andere bedeutet.[304]

Auf den ‚Ruf des Gewissens' folgt in Heideggers Konzeption der Status der *Entschlossenheit*, in dem sich der Mensch (sich der Angst stellend) entwerfen kann. Weimar entwickelt eine an diesen Zusammenhängen ori-

---

[302] ebenda, S. 159

[303] ebenda, S. 159

[304] Weimar zitiert in diesem Zusammenhang Hans Jaeger: „Inasmuch as he is ‚thrown' into the world, *geworfen*, man has *no* control over the basic ground of his excistence and can *never* fully realize his most authentic possibilities. Inasmuch as he is a projection of his own self, *Entwurf*, he projects himself into some possibilities by *rejecting* others; he can *not* choose to realize all his possibilities." (Hans Jaeger: Heidegger's Existential Philosophy and Modern German Literature, in: PMLA, LXVII, 1952, S. 661, zitiert nach: Weimar, in: Modern Language Quarterly, # 17, S. 159

entierte Deutung des Anderen und dessen Beziehung zu Beckmann, die im folgenden dargestellt wird:[305]

Weimar setzt bei Beckmanns Selbstmordversuch in der Elbe an. Zu diesem Zeitpunkt ersehnt Beckmann den Tod, ohne irgendwelche seiner möglichen Entwürfe zu kennen, in Abwesenheit jeglicher Todesangst. Ein derartiger Zustand entspricht dem Heideggerschen Status des *Man*. Daß Beckmann sein Leben fortsetzt, ist aller zu erwartenden (und eintretenden) Lebensqual zum Trotz Grundvoraussetzung für einen Selbstentwurf, „(...) to become what he is."[306]

Nach dem gescheiterten Suizid tritt im Drama der Andere auf und offeriert Beckmann offensiv das Leben. Die lebensbejahende Stimme des Anderen vergleicht Weimar mit Heideggers Gewissen.

Zwei Äußerungen des Anderen stellen wichtige Anknüpfungspunkte eines solchen Verständnisses dar:

„Du wirst mich nicht los."[307] zeigt die tiefe Verbindung der beiden Figuren, wie auch das Gewissen bei Heidegger im Menschen selbst seinen Ursprung hat.

---

[305] Weimar weist ausdrücklich darauf hin, daß eine vorsätzliche Verarbeitung der Philosophie Heideggers weder nachweisbar noch relevant ist: „These views on human existence (...) developed from the study of philosophy and the interpretation of poetry. Borchert's work (...) is highly personal, but it is also an expression of the temper of his time. That Heidegger's existential philosophy exerted a direct influence on Borchert can neither be proved or disproved at this time, nor does this queation really determine the import of our interpretation. It should not be surprising after all for a philosopher and a poet to hold similar views independently."
[306] Weimar, in: Modern Language Quarterly, #17, S. 159
[307] Borchert: Draußen vor der Tür, in: Gesamtwerk, S. 108

„Wer bist du denn (...)?"[308] lautet die grundsätzliche Frage, die Beckmann nur unzureichend beantworten kann.

Der Andere treibt Beckmann zwar vordergründig zu anderen Menschen, resultieren tut daraus jedoch - analog zur Funktion des Gewissens - Beckmanns Beschäftigung mit sich selbst, heraus aus der Absorption im unauthentischen *Man*.

Erst durch die Initiative des Anderen beziehungsweise des Heideggerschen Gewissens kommt Beckmann über die Konfrontation mit dem Mädchen und dem Einbeinigen zum Schuldbewußtsein. Und dieses Schuldbewußtsein wiederum ist es, daß ihn danach verlangen läßt, zu sich selbst zu kommen, nicht weiterhin nur Opfer und Täter zugleich zu sein. „The burden of this existential guilt is intolerable. He would die, but he knows that people will pass by the dead one as indifferently as by a cigarette butt, and thus his death would be like his life (...)."[309]

Bevor er also sterben kann, muß er seine Existenz, sein Dasein sichern, kurz: Individualität erreichen.

Es wurde bereits festgestellt, daß *Draußen vor der Tür* hinsichtlich der Bewertung des Todes Sartre näher steht als Heidegger.[310] In *Geschlossene Gesellschaft* ist die Ausgangssituation diesbezüglich identisch: „Beckmann muß wieder von vorne anfangen, wie die Toten in Sartres ‚Hinter Geschlossenen Türen' ihr Leben wieder erleben müssen."[311]

Die in *Geschlossene Gesellschaft* vorgestellte Situation ist folgende: „The extreme Situation of *No Exit* is hell, but the nature of this hell is intri-

---

[308] ebenda, S. 109
[309] Weimar, in: Modern Language Quarterly, # 17, S. 157
[310] siehe Seite 63
[311] Gullvag, S. 66

guingly ambiguos. (...) The torturers are the victims themselves, each one torturing the others and being tortured by them, and thus ‚hell is other people.'"[312]

Sartre demonstriert in seinem Drama den Stellenwert der menschlichen Freiheit, in Abwesenheit der Freiheit wird den Menschen das Leben zur Hölle: „Human existence itself would be hell, if it were not finite and were not endowed with liberty."[313]

Die drei Personen in *Geschlossene Gesellschaft* sind ‚lebende Tote'; Garcin könnte einmal den Ort des Geschehens verlassen[314], doch tut es nicht. In diesem Moment des Dramas wird die Grundaussage akzentuiert: „If (...) we entertain the thought that these characters are (...) alive also, in a living hell so to speak, then the open of the door would signify the escape from life into death, and Garcin's experience would be that of confronting the void, of encountering the nothingness."[315]

Es ist die einzige Wahl, die Garcin noch bleibt, und es ist die wichtigste, insofern, als er wählt zu existieren. Er könnte den Qualen seiner Existenz entkommen, indem er sich selbst aufgibt, doch damit gäbe er zugleich seine letzte Hoffnung auf: „His choice to remain would then be an exercise of liberty, a clinging to the specifically human condition, for as long as Garcin

---

[312] Weimar, in: Modern Language Quarterly, # 17, S. 161
[313] ebenda, S. 162
 Weimar bezieht sich auf Blackham: „'The moral of the play is not the cry of Garcin towards the end, ‚Hell is other people!' It is the horror of human consciousness if it could not break off, if it could only go on reproducing the past, if it were really determined, a fate.'" (Blackham: Six Existentialist Thinkers, London, 1952, zitiert nach: Weimar, in: Modern Language Quarterly, # 17, S. 162)
[314] Weimar spricht vom „(...) most dramatic moment of the play (...)". (Weimar, in: Modern Language Quarterly, # 17, S. 162)
[315] Weimar, in: Modern Language Quarterly, # 17, S. 162

continues to exist, he can hope at some time to realize the possibility of not being a coward."[316]

In dieser Hinsicht gleichen sich Beckmann und Garcin, die beide allen Widrigkeiten zum Trotz wählen zu existieren. Garcin und seine Leidensgenossinen wollen ihrer Situation entkommen, Beckmann will zurück in zwischenmenschliche Beziehungen. „These attempts to escape are not as frantic as Beckmann's actions to find his way back, but they are equally desperate."[317]

Die gesellschaftliche Position der beiden Hauptfiguren Beckmann und Garcin weist einige Parallelen auf. Gullvag stellt fest: „Der Mensch wird nicht von der Gesellschaft aufgenommen, sondern wird in die Einsamkeit gestoßen."[318]

Weimar zeigt, daß Garcin in seinen Bemühungen, eine Lösung zu finden, an sich selbst und den anderen scheitert,

> (...) because of his own inability to recognize the irreconcilable difference between his desire to be a hero and the fact that others see in him only the coward, the difference between the subjective consciousness and the consciousness observed, or as the philosopher Sartre has it, between the *pour-soi* as such and the *pour-soi* as *l'en-soi*. Furthermore, he and Estelle are guilty of bad faith when, in seeking to escape from themselves, they indulge in self-deception.[319]

---

[316] Weimar, in: Modern Language Quarterly, # 17, S. 162
[317] ebenda, S. 163
[318] Gullvag, S. 66
[319] Weimar, in: Modern Language Quarterly, # 17, S. 163

Sowohl Beckmann als auch Garcin befinden sich in einer Situation der Entfremdung von Mensch und Welt, von der Sartre sagt: „Dieses Ich, das ich bin, bin ich in einer Welt, die der Andere mir entfremdet hat."[320]

Borcherts Beckmann macht dieselbe Erfahrung, die Sartre anhand seiner drei Figuren demonstriert: „Jede Freiheit sucht die andere mit den Mitteln der Verdinglichung vom Anteil an ihrem Weltbesitz auszuschließen."[321]

Allein wer lebt, verfügt dagegen über eine – eingeschränkte – Handhabe: „Nur die Lebenden können sich dagegen wehren, abschließend verdinglicht zu werden. Vom Moment des Todes an ist ein Menschenwesen dem Urteil der Anderen hilflos ausgeliefert. Tote können die Bilanz ihres Lebens, welche Andere ziehen, nicht mehr korrigieren. Der Blick des Anderen nagelt den Gewesenen schicksalhaft fest."[322]

Deshalb muß auch Estelles Versuch, sich ihrer Widersacherin Ines zu entledigen, scheitern: „Diese verzweifelte Bewegung erstarrt im Bewußtsein, daß der Tod den Verlorenen keine Erlösung bietet."[323]

Dies entspricht der Erkenntnis Beckmanns, daß sein Tod irrelevant wäre, seiner empfundenen Objekthaftigkeit kein Ende setzen würde. Aus Sicht der Sartreschen Blickanalyse formuliert Weimar, *Geschlossene Gesellschaft* „(...) projects dramatically the views of the philosopher Sartre, according to which the eyes of other people violate the inalienable personality

---

[320] Sartre: Das Sein und das Nichts. Versuch einer phänomenologischen Ontologie. Neuausgabe: Übers. Von J. Streller. K. A. Ott und Alexa Wagner, Rowolth Verlag, Reinbek, 1962, S. 348, zitiert nach: Janke, S. 124

[321] Janke, S. 125

[322] ebenda, S. 122 f.

[323] Janke, S. 126

of the existent which is observed, thus threatening to engulf a dynamic liberty with static viscosity."[324]

*Draußen vor der Tür* und *Geschlossene Gesellschaft* gleichen sich auch im Ausgang, der in beiden Stücken keineswegs das Geschehen beendet. Die Enden beider Dramen beschließen lediglich das auf der Bühne Dargestellte; beide Stücke bieten dem Rezipienten den Ausschnitt eines Geschehens, daß sich nach Ende der dramatischen Situation fortsetzt.[325]

Zum Ende von *Geschlossene Gesellschaft* ist hervorzuheben: „Yet despite the fact that they have all been cast into existence and abandoned there, and though they utter no appeal to a supraphenomenal being and find no means of aiding one another, Sartre closes his play with the stoic exhortation of Garcin, the deserter: ‚Very well, then let's go on with it.'"[326]

Für die Gequälten in Sartres Stück bleibt einzig die prinzipielle Hoffnung auf ein

---

[324] Weimar, in: Modern Language Quarterly, # 17, S. 163

[325] Balzer und Weimar kommen in ihren Untersuchungen unabhängig voneinander zu ähnlichen Schlußfolgerungen bezüglich *Draußen vor der Tür* beziehungsweise *Geschlossene Gesellschaft*. Balzer zu *Draußen vor der Tür*: „Aus der Verstrickung von Täterschaft und Opferdasein gibt es keinen Ausweg – nur die Verpflichtung, die der Einbeinige formuliert: nichts zu vergessen. Nicht zu vergessen, heißt aber auch: am Leben bleiben, ein Leben aber, das doch ‚weniger als nichts' ist. Dieser Widerspruch bleibt unaufgelöst – weil er unauflöslich ist, weil jede Diskussion darüber in einem circulus vitiosus landen muß, der sich in Borcherts Stück als ein sich immer rascher drehendes *Karussell* der Stationen darstellt, das schließlich in Beckmanns Schlußmonolog ausläuft." (Balzer, S. 33; kursive Hervorhebung von mir)
Weimar zu *Geschlossene Gesellschaft*: „He *(Garcin; Anm. d. Verf.)* suggests they help each other, but they are all like hobby-horses on a *merry-go-round*, chasing each other round and round, incapable of catching and incapable of aiding one another." (Weimar, in: Modern Language Quarterly, # 17, S. 163; kursive Hervorhebung von mir)

[326] Weimar, in: Modern Language Quarterly, # 17, S. 164

Miteinander, wie häufig diese Hoffnung auch enttäuscht werden mag. Ihre verzweifelten Bemühungen darum lassen sich als ‚Ringen' um *Dasein* beschreiben: „In the last analysis Sartre's people are really searching for a reason and a justification for existence in the sense of ‚being-there' *(Dasein)*."[327]

Zu Beckmanns Status am Ende von *Draußen vor der Tür* ist Ähnliches festzuhalten: Er ist gänzlich auf sich selbst zurückgeworfen, im Unterschied zum Beginn des Dramas sich seiner Lage durchaus bewußt. Gullvag hat dies wie folgt ausgedrückt: „Beckmann sieht dem Tod ins Auge, er hat die Sinnlosigkeit des Lebens verstanden, er sieht und ist."[328]

Auch Beckmann stellt sich seiner letzten Chance, sich selbst: „Beckmann sucht den Weg weg von der Spaltung des Ichs und von der Zertrümmerung des Ichs. Sein Weg führt ins Leben zurück."[329]

Bemerkenswerterweise kommt Weimar – und mit ihm diese Arbeit – zu einem Fazit, das dem üblichen der autobiographischen Analyse – auf welche diese Arbeit lediglich kontrastierend eingeht – nahe steht. Der Ausgang vom Menschen Wolfgang Borchert führt häufig dazu, *Draußen vor der Tür* als Ausdruck des Erlebens und Leids des Autors zu verstehen, wobei kaum eine der entsprechenden Arbeiten darauf verzichtet, eben auch Borcherts bis zuletzt wirksamen Lebenswillen auf Beckmann zu übertragen (et vice versa). Stellvertretend für derartige Stellungnahmen zu Stück und Autor sei

---

[327] ebenda, S. 164

[328] Gullvag, S. 70

[329] ebenda, S. 70; Gullvag vertritt die Auffassung, nur unter Berücksichtigung der Lebenswahl Beckmanns (vgl. Gullvag, S. 70 f.) sei die anhaltende Wirkung des Dramas erklärbar, die er an folgendem Beispiel belegt: „Borchert hat mit seinem Schauspiel ein allgemeingültiges Bild von einer Menschheit, die ganz ohne Anknüpfungen ist, geschaffen. Es ist ein wahres und bestehendes Bild eines modernen menschlichen Zustands geworden." (Jens Bjorneboe, in: Dagbladet, # 22/4, 1960, zitiert nach: Gullvag, S. 71)

Migner zitiert: „So negativ das Lebensgefühl Wolfgang Borcherts auch erscheinen mag, in der Besinnung des Menschen auf seine eigenen Kräfte liegt eine einzigartige Möglichkeit, für eine bessere Zukunft zu leben, die der Mensch allerdings selbst hervorbringen muß."[330]

Weimar beendet seine Ausführungen folgendermaßen:

> Two plays, one a brilliant philosophic exercise *(Geschlossene Gesellschaft; Anm. d. Verf.)*, the other an impassioned outcry *(Draußen vor der Tür; Anm. d. Verf.)*; both born of despair, yet sustained by a stoic will; one an expression of a new humanism *(Geschlossene Gesellschaft; Anm. d. Verf.)*, the other gravitating toward being *(Draußen vor der Tür; Anm. d. Verf.)*; while for both writers there remains no faith, no love, only hope.[331]

### IV.2.2. Exkurs: Inszenierungsansätze

In diesem Exkurs werden einige mögliche Ansätze vorgestellt, *Draußen vor der Tür* zu inszenieren. Die Inszenierungsmöglichkeiten eines Dramas sind grundsätzlich von Belang, wenn dramatische Texte behandelt werden, denn auf die szenische Realisierung zielt ein jeder Dramentext. Im Kontext dieser Arbeit kommt der Betrachtung möglicher Inszenierungsansätze besondere Bedeutung zu; das Theaterstück *Draußen vor der Tür* stellt sich letztlich auf der Bühne, als aufgeführte Inszenierung, zu jeder Zeit erneut dem Nachweis seiner überzeitlichen Aktualität.

Die folgenden Ausführungen erheben weder den Anspruch auf Vollständigkeit, noch handelt es sich um eine theaterwissenschaftliche Herangehensweise im strengen Sinne. Es soll lediglich gezeigt werden, wie das

---

[330] Migner: Leben und Werk Wolfgang Borcherts, in: Interpretationen zu Wolfgang Borchert, S. 114

[331] Weimar, in: Modern Language Quarterly, # 17, S. 165

Drama zu verschiedenen Zeiten verschieden inszeniert wird und welche Ansatzpunkte es bietet, ‚dokumentarisches Theater'[332] zu überschreiten. Auf die Vielfalt der Möglichkeiten, *Draußen vor der Tür* zu inszenieren, weist Elm hin: „Seit jeher hat Borchert mit seinem Drama offenbar deshalb viele erreicht, weil das Rezeptionsspektrum des Stücks größer ist, als es die Kritiker wahrhaben wollen (...)".[333]

Die frühen Inszenierungen der Nachkriegszeit stehen unter dem Eindruck des ‚Borchert-Mythos', *Draußen vor der Tür* wird als Zeitstück gegeben. Da die theatralische ebenso wie die kulturelle Entwicklung insgesamt in Deutschland während der Jahre des Dritten Reichs aussetzt, überrascht die Anknüpfung an die expressionistische Aufführungspraxis kaum. Hierfür kennzeichnend ist die Zentralität des Textes: „Die Sprache, das Wort avancierte zum entscheidenden Medium des expressionistischen Theaters, was die Nähe von dramatischem Text und Bühnengeschehen ausdrückt."[334]

Die Regisseure der Nachkriegszeit halten sich weitgehend an die von Borchert formulierten Grundanforderungen: Das „(...) ganze muß ohne Pause durchgespielt werden. Den schnellen Szenenwechsel , der Beckmann immer allein auf der Straße stehen läßt, den kann man durch Licht und Schattenwirkung sehr gut herausholen. Natürlich darf es *kein* Bühnenbild

---

[332] Eine Inszenierung, die *Draußen vor der Tür* als reines Zeitstück auffaßt, böte ‚dokumentarisches Theater', was keine Abwertung sein muß. Elm weist nach, daß und wie Borcherts (dramatische, epische und lyrische) Literatur authentische Einblicke in die deutsche Gesellschaft nach dem zweiten Weltkrieg bietet. (vgl. Elm, in: Burgess/Winter (Hrsg.), S. 265 ff.)

[333] Elm, in: Burgess/Winter (Hrsg.), S. 274 f.

[334] Joachim Wilcke: Tendenzen des modernen Theaters, in: Wischer (Hrsg.), S. 492

geben und es dürfen immer nur die jeweiligen Möbel auf der Bühne stehen."[335]

Mit zunehmendem zeitlichem Abstand von der Entstehung des Dramas ändert sich die Perspektive.[336] Für die sechziger Jahre lautet eine kennzeichnende Stellungnahme: „Die Beckmänner von damals sind die Fünfzigjährigen von heute."[337]

Einher mit der sich ändernden Perspektive auf das Stück ändern sich die Darstellungsformen. Die Kostüme der Figuren werden unterschiedlichen Epochen zugeordnet, der Text unterschiedlichen Schwerpunkten entsprechend anverwandelt, vom starren Muster ‚eine Rolle – ein Schauspieler' wird Abstand genommen.

Ein Ansatzpunkt ist der Protagonist Beckmann: „Borcherts Stück steht und fällt mit dem Hauptdarsteller."[338] Wird diese Rolle auf mehrere Schauspieler aufgeteilt, ergeben sich interessante Aspekte: Der Reduzierung Beckmanns auf ein Einzelschicksal wird entgegengewirkt, widersprüchliche Facetten der Figur können stärker akzentuiert werden, die Handhabung der immensen Textmenge wird variantenreicher. Zu einer mit diesem Mittel

---

[335] Borchert: Brief an Bernhard Jolles, zitiert nach: Rühmkorf, S. 155 Zur ersten Bühnenfassung von Wolfgang Liebeneiner (Premiere am 21.11.1947, Hamburger Kammerspiele): „Mit einer durchsichtige Wand grenzt Liebeneiner die realistische von der visionären Spielszene ab. (...) Helmut Koniarsky schuf für die vordere Spielhälfte in die Trümmer hineingebauten kärglichen Wohnraum. Nach hinten schließt er die Bühne durch eine großartige Ruinenkulisse ab: Urlandschaft der Neuzeit. Eine virtuose Ausleuchtung der Szenerie (...) besorgt das übrige." (Hamburger Echo, 25.11.1947, zitiert nach: Balzer, S. 54)

[336] Signifikant ist das Fazit einer Aufführungskritik von 1961: „Der Versuch, ‚Draußen vor der Tür' nach vierzehn Jahren als Zeitstück zu spielen, schlug auf einem sehr hohen und kühlem Niveau fehl; man müßte darangehen, ‚Draußen vor der Tür' als Dichtung zu entdecken." (Deutsche Zeitung, 5.10.1961, zitiert nach: Balzer, S. 58

[337] Hans Schwab-Felisch, in: Frankfurter Allgemeine Zeitung, 11.3.1968, zitiert nach: Balzer, S. 51

[338] Der Tagesspiegel, 22.4.1948, zitiert nach: Balzer, S. 57

operierenden Inszenierung von 1968 heißt es: „Sechsmal Beckmann, mit verschiedenen Stimmen und verschiedenen Gesichtern und doch kaum unterscheidbar, das ergibt sowohl einen beliebigen in jede Zeit und jeden Raum projizierbaren Jedermann als auch verstärkte Spannung. Das ergibt zugleich die Möglichkeit, die pathetische Sprache zu verkürzen, sie zu modulieren, aufteilen(!) und ihrer störenden Zeitrequisiten zu entkleiden."[339]

Ebenso kann man Beckmann *zugleich* von mehreren Schauspielern darstellen lassen. In diesem Falle ergeben sich reizvolle choreographische Möglichkeiten der Umsetzung sich ändernder Machtverhältnisse. Beide theatralischen Mittel erzeugen ein ‚Spielbewußtsein', das einer fragwürdigen Simulation der Nachkriegssituation vorbeugt und die Aufmerksamkeit auf die grundsätzlichen Aussagen lenkt.

Auch Beckmanns Gegenpart, der Andere, kann Ansatzpunkt einer Inszenierung sein. Die Figur ist unterschiedlich anlegbar, sie kann als Teil Beckmanns aufgefaßt werden oder als eine Art ‚kollektives Bewußtsein'. Derart kann der Andere aus dem übrigen Bühnengeschehen herausgenommen werden, auch eine Reduzierung der Figur auf akustische Präsenz ist möglich.

Einen besonderen Effekt erzielt eine Kombination der Mehrfachbesetzung beziehungsweise Vervielfachung sowohl Beckmanns als auch des Anderen. Die realistischen und zeitstückhaften Aspekte treten dann deutlich in den Hintergrund, das prototypisch Menschliche wird hervorgehoben.

Auch die innere Chronologie des Stationendramas kann auf der Bühne aufgebrochen werden. Beispielsweise durch permanente Präsenz der irrealen Figuren oder eine den Ablauf straffende Verschränkung der Traumhandlung der fünften Szene. Derartige Inszenierungen nehmen bewußt Abstand

---

[339] Ruhr-Nachrichten, 26.2.1968, zitiert nach: Balzer, S. 59

von den entstehungszeitlich bezogenen Aspekten und nutzen das Drama als Material aktueller Reflexionen und Aussagen.

> Dieses Verfahren, zweifellos von den sogenannten Performances moderner Bühnenbildnerei beeinflußt, erreicht zweierlei: Es schafft Distanz zur (heute) historischen Realität des Heimkehrerschicksals, und es schält den zeitlosen Kern aus der Fabel: die Suche des heimatlosen Jedermann, des unangepaßten Außenseiters nach menschlicher Geborgenheit und metaphysischem Halt.
>
> (...) Die Montagetechnik der Regie entspricht Borcherts surrealistisch zersplittertem Sprachduktus, nimmt ihm viel von seinem nachexpressionistischen Pathos.[340]

Jüngere Inszenierungen des Dramas beinhalten häufig Verweise auf andere, später entstandene Betrachtungen derselben Thematik, kaleidoskopartige Montagen, die *Draußen vor der Tür* in einen Deutungszusammenhang einreihen. Eine Ostberliner Inszenierung von 1980 entspricht diesem Typus: „Dem frühen Stück über Nazi- und Nachkriegszeit nähern sie *(die Inszenatoren; Anm. d. Verf.)* sich mit einem Bewußtsein und einer Ästhetik, die spätere, jüngste dramatische Erkundungen der gleichen Epoche [...] eingehend reflektieren."[341]

Zusammenfassend läßt sich sagen, daß *Draußen vor der Tür* eine Fülle unterschiedlicher Inszenierungsansätze bietet. „Ein Stück, das kein Theater spielen und kein Publikum sehen will"[342] – diesem Motto des Dramas bleibt entgegenzuhalten: „‚Mit der Wahrheit ist das wie mit einer stadtbekannten Hure. Jeder kennt sie, aber es ist peinlich, wenn man ihr auf der Straße begegnet.' Solange diese Sätze aus Wolfg. Borcherts ‚Draußen vor der Tür' gelten, wird man diese große Klage und Anklage einer verzwei-

---

[340] Westdeutsche Allgemeine Zeitung, 11.6.1979, zitiert nach Balzer, S. 60
[341] Stuttgarter Zeitung, 5.5.1980, zitiert nach: Balzer, S. 60
[342] Borchert: Draußen vor der Tür, in: Gesamtwerk, S. 99

felten Heimkehr auf den Bühnen der Welt spielen können (und müssen)."[343]

---

[343] Ruhr-Nachrichten, 26.2.1968, zitiert nach: Balzer, S. 59

# V. Schlußbemerkung

Wolfgang Borcherts *Draußen vor der Tür* hat sich im Verlauf dieser Arbeit als ein Drama erwiesen, das trotz konkreter zeitgeschichtlicher Bezüge und Anlässe keinesfalls auf diese beschränkt ist.

Zweifellos ist es *auch* ein Zeitstück, welches die Situation in Deutschland nach dem Zweiten Weltkrieg thematisiert, mehrere Gründe sprechen jedoch dagegen, es darauf zu reduzieren:

Zunächst hat bereits die vorrangig werkimmanente Analyse der wichtigen Figuren des Dramas hervorgebracht, daß die von Borchert behandelten Themen weit über Nachkriegsschicksale hinausgehen. Die irrealen Figuren des Stücks und ihre Funktionen verweisen auf eine unhistorische Bedeutungsebene, die Bekenntnisse und Anfechtungen der Hauptfigur Beckmann sind ins Grundsätzliche gewendet.[344]

Wie bereits in der Einleitung dieser Arbeit angemerkt, führt bereits die Auseinandersetzung mit dem Dramentext selbst zu einem zeitlosen Verständnis des Werks, das die These einer ‚überzeitlichen Aktualität' legitimiert. Allerdings erfordert die hier praktizierte Vorgehensweise ein bewußtes Absehen vom ‚Borchert-Mythos', von der primär autobiographischen Analyse, insbesondere muß der Figur Beckmann eine Daseinsberechtigung unabhängig von der These einer literarischen Reinkarnation des Autors zugestanden werden.[345] Auf dieser Grundlage erweist sich *Draußen*

---

[344] Hierzu Elm: „Mögen die metaphysischen Implikationen und gleichnishaften Allegorien dem Stück auch seinen zeitkritischen Biß nehmen, so garantieren sie doch seine Gültigkeit, unabhängig von Zeit *und* Ort." (Elm, in: Burgess/Winter (Hrsg.), S. 277)

[345] Bogdan Mirtschev über Borcherts Heimkehrerfigur: „Borchert gestaltet ihn als Prototyp des in Not geratenen Menschen." (Mirtschev, in: Burgess/Winter (Hrsg.), S. 172)

*vor der Tür* auch ohne Bezugnahme auf andere Werke und Geistesströmungen als Gestaltung universaler Probleme vor der Folie einer bestimmten Situation: „Die Universalität im Stück finden wir in Beckmanns Suche nach dem Sinn - und sich selbst. Beckmann ist nicht nur der Heimkehrer. Er ist der vereinsamte, der isolierte Mensch (...)."[346]

Sodann hat der knappe Überblick der Wirkungsgeschichte dargestellt, daß das Drama auch nach der Zeit seiner Entstehung häufig kommentiert und analysiert worden ist, bezeichnenderweise mehr im Ausland denn im - auf die Autorbiographie fixierten - deutschen Sprachraum. Die anhaltende Popularität des Dramas ist offensichtlich nicht auf die vordergründig geschilderte Situation zurückzuführen. Statt dessen erweist sich die Einordnung in kulturelle Strömungen als erhellend: „Er *(Beckmann; Anm. d. Verf.)* ist da Ergebnis einer langen Entwicklung und nicht nur das Resultat des Krieges. Und die Entwicklung, die zu diesem Typus führte, war keine spezifisch deutsche, sondern eine allgemein abendländische."[347]

Die Beziehung des Dramas zu Expressionismus und Existentialismus ist eingehend dargestellt worden. Weit entfernt davon, eine Dramatisierung philosophischer Reflexionen zu sein, wie beispielsweise Sartres *Huis clos*, ist *Draußen vor der Tür* doch eine Verhandlung existentieller Probleme mit deutlichen Anklängen existenzphilosophischer Themen. Borcherts Stück ist aus dieser Sicht ein Plädoyer für menschliche Verantwortung, für ein verantwortetes Leben, gegen eskapistische Fluchtversuche. Dabei nimmt Borchert keine Zuflucht zu einem jenseitigen Heilsversprechen (hierin dem Existentialismus gleichend), sondern gestaltet ein illusionsloses Bild menschlicher Existenz: „Die Erkenntnis, daß sein Selbstmord sinnlos wäre,

---

[346] Gullvag, S. 68
[347] Gullvag, S. 68

ist der erste Schritt auf Beckmanns Weg vom Todes- zum Lebenswillen, und der andere, der immer einen oberflächlichen Optimismus vertreten hat, daß alles immer zum besten ausgehen wird, fehlt."[348]

*Draußen vor der Tür* bejaht die Humanität, trotz aller Anfechtungen, denen sie immer wieder erneut unterworfen ist: „Sein *(Beckmanns; Anm. d. Verf.)* Weg führt ins Leben zurück."[349]

Im Eintreten für den Menschen und dessen Würde liegt das zentrale Moment der überzeitlichen Aktualität des Dramas, was sich Schröder folgend auch auf Borcherts Gesamtwerk beziehen läßt: „Daß Wolfgang Borchert aktuell geblieben ist, hat - leider - nicht nur literarische Gründe."[350]

---

[348] Burgess, in: Wolff (Hrsg.), S. 66
[349] Gullvag, S. 70
[350] Schröder, S. 22

# VI. Literaturverzeichnis

## VI.1. zitierte Literatur

- Bernd Balzer: Wolfgang Borchert. Draußen vor der Tür, Moritz Diesterweg Verlag, Frankfurt am Main, 1983 (Reihe: Grundlagen und Gedanken zum Verständnis des Dramas)
- Wolfgang Borchert: Das Gesamtwerk, Rowohlt Verlag, Reinbek bei Hamburg, 1997
- derselbe: Draußen vor der Tür, in: Gesamtwerk
- derselbe: Das ist unser Manifest, in: Gesamtwerk
- Gordon J. A. Burgess: Wirklichkeit, Allegorie und Traum in „Draußen vor der Tür": Beckmanns Weg zur Menschlichkeit, in: Wolff (Hrsg.)
- Gordon J. A. Burgess/Hans-Gerd Winter (Hrsg.): „Pack das Leben bei den Haaren" Wolfgang Borchert in neuer Sicht, Dölling und Galitz, Hamburg, 1996 (Schriftenreihe der Hamburgischen Kulturstiftung, Band 5)
- dieselben: Einleitung, in: Burgess/Winter (Hrsg.)
- Bettina Clausen: Rückläufige Jugend: Bemerkungen zu Borchert und zum frühen Borchert-Erfolg, in: Burgess/Winter (Hrsg.)
- diverse: Interpretationen zu Wolfgang Borchert, R. Oldenbourg Verlag, München, 1962 (Interpretationen für Schule und Studium)
- Theo Elm: *Draußen vor der Tür*: Geschichtlichkeit und Aktualität Wolfgang Borcherts, in: Burgess/Winter (Hrsg.)
- Forschungsgruppe Dramatik und Theater (Hrsg.): Zur Geschichte des Dramas und des Schauspieltheaters in der DDR 1945 – 1968, band 1, Ostberlin (DDR), 1972

- Kare E. Gullvag: Der Mann aus den Trümmern: Wolfgang Borchert und seine Dichtung, Fischer Verlag, Aachen, 1997

- Walter Höllerer u. a. (Hrsg.): Akzente: Zeitschrift für Dichtung, Hanser Verlag, München, 1955

- Wolfgang Janke: Existenzphilosophie, Walter de Gruyter Verlag & Co., Berlin/New York, 1982 (Sammlung Göschen 2220)

- Walter Jens (Hrsg.): Kindlers Neues Literaturlexikon (Studienausgabe), Kinder Verlag GmbH, München, 1988

- Wulf Köpke: In Sachen Wolfgang Borchert, in: Wolff (Hrsg.)

- Bernhard Meyer-Marwitz: Nachwort, in: Borchert: Gesamtwerk

- Karl Migner: Das Drama „Draußen vor der Tür", in: Interpretationen zu Wolfgang Borchert, R. Oldenbourg Verlag, München, 1962 (Interpretationen für Schule und Studium)

- derselbe: Leben und Werk Wolfgang Borcherts, in: Interpretationen zu Wolfgang Borchert

- Bogdan Mirtschev: Ausgeliefert an das Unaussprechliche: Daseinskrise und innere Konflikte der Heimkehrerfigur im literarischen Werk von Wolfgang Borchert, in: Burgess/Winter (Hrsg.)

- Horst Ohde: „... denn das Letzte, das Letzte geben die Worte nicht her." - Textkonnotate der Sprachnot im Werk Wolfgang Borcherts, in: Burgess/Winter (Hrsg.)

- Peter Rühmkorf: Wolfgang Borchert, Rowohlt Taschenbuch Verlag, Reinbek bei Hamburg, 1961

- Marianne Schmidt: Zum Leben verurteilt. Wolfgang Borchert und die klassische Dramaturgie, in: Burgess/Winter (Hrsg.)

- Claus B. Schröder: Wolfgang Borchert, Ernst Kabel Verlag, Hamburg, 1985
- Alexandre Marius Dées de Sterio: „Civis sum!" Wolfgang Borcherts ethische und politische Reifung: Etappen und Stationen in seinem unveröffentlichten Jugendwerk, in: Burgess/Winter (Hrsg.)
- derselbe: Wolfgang Borchert: Eine literatursoziologische Interpretation, in: Wolff (Hrsg.)
- V.R.-R.E.Z.: L'être et le néant. Essai d'ontologie et phenoménologique, in: Jens (Hrsg.)
- Erwin Warkentin: Die komischen Elemente in *Draußen vor der Tür*, in: Burgess/Winter (Hrsg.)
- derselbe: Unpublishable works: Wolfgang Borchert's literary production in Nazi Germany, Camden House, Drawer (Columbia), 1997
- Karl S. Weimar: No entry, no exit. A study of Borchert with some notes on Sartre, in: Modern Language Quarterly 17, 1956
- Joachim Wilcke: Tendenzen des modernen Theaters, in: Wischer (Hrsg.)
- Erika Wischer (Hrsg.): Propyläen Geschichte der Literatur (Sonderausgabe), Verlag Ullstein GmbH, Frankfurt am Main und Propyläen Verlag, Berlin, 1981 – 1984
- Rudolf Wolff (Hrsg.): Wolfgang Borchert. Werk und Wirkung, Bouvier Verlag Herbert Grundmann, Bonn, 1984 (Sammlung Profile, Band 9)
- Bernhard Zimmermann: Haupttendenzen der Literaturtheorie und –kritik, in: Wischer (Hrsg.)

## VI.2. übrige verwendete Literatur

- Heinrich Böll: Nachwort. Die Stimme Wolfgang Borcherts, in: Borchert: Draußen vor der Tür, Rowolth Taschenbuch Verlag, Hamburg, 1956

- Joseph L. Brockington: Ein Ja in das Nichts hineinbauen: Möglichkeiten und Formen der Hoffnung in der Literatur der Nachkriegsgeneration. Wolfgang Borchert und die „junge Generation"., in: Burgess/Winter (Hrsg.)

- Georg Büchner: Woyzceck, herausgegeben von Georg Witkowski, Leipzig, 1920

- Manfred Durzak: Zwei deutsche Literaturen nach 1945, in: Erika Wischer (Hrsg.): Propyläen Geschichte der Literatur, Band VI, Propyläen Verlag, Berlin, 1981 – 1984

- Elisabeth Frenzel: Motive der Weltliteratur, Kröner Verlag, Stuttgart, 1992

- Hans Freyer: Gesellschaft und Kultur, in: Mann (Hrsg.)

- Martin Heidegger: Sein und Zeit, in: Edmund Husserl (Hrsg.): Jahrbuch für Philosophie und phänomenologische Forschung, Band VIII, 1927

- Adolf Klarmann: Wolfgang Borchert. The lost voice of a new Germany, in: Germanic Review, # 27, 1952

- Bernd M. Kraske: „Draußen vor der Tür". Anmerkungen zur Hörspiel-Rezeption, in: Wolff (Hrsg.)

- Michael Mahn: Fundsachen. Die Produktion des Hörspiels *Draußen vor der Tür*, in: Burgess/Winter (Hrsg.)

- Golo Mann: Neunzehnhundertfünfundvierzig, in: Mann (Hrsg.)

- derselbe (Hrsg.): Propyläen Weltgeschichte (Sonderausgabe), Verlag Ullstein GmbH, Frankfurt am Main und Propyläen Verlag, Berlin, 1991
- Jan Philipp Reemtsma: Und auch Opas M.G. Wolfgang Borchert als Veteran, in: Burgess/Winter (Hrsg.)
- Jean-Paul Sartre: Geschlossene Gesellschaft (Übersetzung von T. König), in: Gesamtwerk in Einzelausgaben, Theaterstücke 3, Rowolth Verlag, Reinbek bei Hamburg, 1986
- derselbe: L'être et le Néant, Paris, 1943
- Lothar Schröder: Beckmann schrie auf für alle Betrogenen, in: Rheinische Post, 20.11.1997
- Anthony Thorlby: Literatur und Psychologie, in: Wischer (Hrsg.)
- Ernst Toller: Der deutsche Hinkemann, Potsdam, 1923
- Hans-Ulrich Wagner: „Ein Mann kommt nach Deutschland": *Draußen vor der Tür* im Kontext der Heimkehrer-Hörspiele der unmittelbaren Nachkriegszeit, in: Burgess/Winter (Hrsg.)
- Urs Widmer: 1945 oder die „Neue Sprache". Studien zur Prosa der „Jungen Generation", Schwan Verlag, Düsseldorf, 1966
- Hans-Gerd Winter: „Mir liegt kaum daran [...], gedruckt zu werden - ich fühle, daß mein Tag kommt:" Wolfgang Borcherts Eintritt in das literarische Feld 1940-1946, in: Burgess/Winter (Hrsg.)

www.ingramcontent.com/pod-product-compliance
Lightning Source LLC
Chambersburg PA
CBHW020129010526
44115CB00008B/1040